語られざる昭和史　目次

はじめに――証言の蒐集と構成 7

第一章 追憶の戦禍 9
第一話 死亡通知と「おがみ屋」 11
第二話 大空襲 駆け抜けた業火 23
第三話 ふたつのピカドン 41
第四話 原爆孤老の「悲しき唄」 54

第二章 犠牲となった女性たち 67
第五話 チャモロ人となった収容所の少女 69
第六話 アマゾンに渡った「我が娘」 88
第七話 日本人妻、「帰還事業の果て」 98

第三章　語られざる昭和　127
第八話　地下道の記憶　129
第九話　若者が去って「夜這い」なき今　141
第一〇話　ムラの遺構「おじさ」の運命　153
第四章　埋もれ続けた秘話　169
第一一話　マッカーサーと日本人密使　171
第一二話　幻のマーケットと伝説の芸人・小松政夫　230
おわりに　248
参考文献　252

表紙　大空襲後の東京・浅草、一九四五年
（写真提供　ユニフォトプレス）

語られざる昭和史

無名の人々の声を紡ぐ

はじめに——証言の蒐集と構成

誰にでも、語り尽くせぬ想いがある。家族にさえ明かせぬ想いが、体験がある。そんな無名にして懸命に生きた人々の歴史のうえに、日本の戦後が、いまがある。

閉ざされた記憶の内側に秘められ続けた、昭和日本の「記録されなかった記憶と体験」の数々。それは歴史の年表が置き去りにしてきた、封印された歴史の実相そのものではなかったか。

本書は二〇年以上にわたり、全国を訪ねて聞きとった、「語られざる戦後」「語られざる昭和」の証言を集めたものです。

いずれも、証言者から「訊くのではなく聞こえる瞬間を待つ」、日常を伴走するなかで、あえて答える必要がない状況で洩らされた言葉と体験ばかりです。

あらゆる言葉は、語り手自身の、繰り返される生活のなかでこそ意味を持ってくるのではないでしょうか。証言者の日常という、他者の介入を許さない、人それぞれの固有の文脈のなかで理解してこそ、言葉と体験は諒解されるべきではないでしょうか。

だからこそ、証言の文脈と趣旨もできるだけ発話の文脈に沿って伝えたい。そんな願いから、本書の構成は次のように致しました。

第一章「追憶の戦禍」（第一話〜第四話）・第二章「犠牲となった女性たち」（第五話〜第七話）は証言者本人の語りを生かすかたちで、体験を再構成してあります。

第三章（第八話〜第一〇話）・第四章（第一一話〜第一二話）は証言を追体験するために寄り添った、著者である私自身の視点も交えて構成してあります。

収録したのはいずれも、ほとんどの読者と同じであろう、「決して著名ではない方々」の証言ばかりです。

その意味で無名の人々の体験史であり、無名譚と呼びうるものかもしれません。

市井に生きる、ほかでもない私たち自身と同じ目線での体験史、いわば他者の昭和「私」から時代を感じてもらえればと願っています。

本書を紐解かれる方々にはぜひ、言葉の彼方に風景を観る、そんな体験をひとときでもご一緒してもらえれば望外の喜びです。

なお、本文中はすべて敬称は略しております。

第一章　追憶の戦禍

第一話　死亡通知と「おがみ屋」

一九二五年生まれの大川教子は、東京の女学校を卒業した後、一九歳で親が選んだ夫と結婚する。夫はほどなく第二次世界大戦に出征し、消息不明となった。終戦直前、死亡通知を受け取った大川は、夫は死んだものと信じていた。しかし、戦争未亡人らと共に訪れた「おがみ屋」で、想像していなかった言葉を告げられる。

太平洋戦争の末期、赤紙と呼ばれる召集令状に代わり、日本全国には戦死を告げる「死亡告知書」が大量に届くようになる。だが、この〝死亡通知〟を受け取ることができればまだいいほうだった。出征を見送ったが最後、生死の消息さえ不明なまま、多くの女性たちは祈るような気持ちで、夫や子の帰りを待っていた。

男手のない家を守る女性たちの不安を引き受けたのが、「おがみ屋」と呼ばれた者たちだった。

戦後七〇年以上、数多くの戦中体験が語り継がれてきたが、「おがみ屋」の記憶に触れたものを目にすることはほとんどない。

「おがみ屋」という呼称そのものも、記録には登場しない。東京・九段の靖國神社に併設された、戦時記録を収集している遊就館を始め、各地の歴史資料館でも、人々がそうした場所を頼ったという手記や記録は見つからない。戦後生まれがほとんどとなった学芸員たちも「紙で残っていればわかるが、記録になければわからない」（平和祈念展示資料館）という状況だ。

「おがみ屋」とはそもそも、霊能者や霊媒師、祈禱師といった人々を指す俗語である。世間では裏の存在とも呼びうるおがみ屋が、正史である戦時記録には登場しないのも当然のことだった。

戦中、おがみ屋について表立って語ることははばかられた。祈禱の類は、戦時中は「禁忌」のひとつでもあったからだ。お国のために喜んで戦地に赴くべきとされていた当時の空気のなかで、親族の生死を気にかけているようでは「非国民」とさえ非難されかねない。官の側から硬軟様々な弾圧もあった。

もっとも大規模に行われたのは、日本で唯一の地上戦が行われた沖縄である。

沖縄では、本土のおがみ屋に当たる「ノロ」や「ユタ」と呼ばれる祈禱師や巫女が、特高警察などから弾圧されていた。

土着の信仰心が強い沖縄では、集落ごとに「ノロ」と呼ばれる、神事を司る巫女がいた。そのノロが戦意高揚を阻害する存在として、いわゆる「ノロ狩り」が大規模に行われたことがあった。

ノロ狩りは、戦中の沖縄では組織的に行われた。食料の配給や疎開などで冷遇され、半ば官製の村八分として存在したのだ。

本土であっても当然、おがみ屋の存在は「非公式」にならざるをえず、それは「裏面史」に落ちついていた。

だが、女性たちは、戦中から戦後にかけて、たしかに、おがみ屋へと足を向けていた。

東京・郊外の八王子と日野の境にも、「おがみ屋」があった。中央自動車道・石川パーキングエリア付近と言ったほうが想像しやすいだろうか。

誰が最初に「おがみ屋」と呼び始めたのかは定かではない。ただ、戦地での親族の様子

や戦死した夫や子の言葉を伝えることから、その呼び名は一種独特の親近感をまとってい
た。

当時、出征者を抱える家族の間では、おがみ屋はそれなりに浸透していたようで、各地の工廠《こうしょう》に学徒動員された女学生に加え、軍の関係施設に勤務していた女性の間にも、おがみ屋の話は広く知られていた。配給の折にも、顔を合わせた女性たちが小声で話すこともあり、話題の乏しい戦中、おがみ屋は女性たちの口を賑わせていたようだ。

女性たちの間では、たいがい、通学や通勤の折、二人きりになると持ち出されたようだ。若い女性たちが口にするのは、「おばあちゃんが行ってきたらこう言われたみたい」といった話で、やはり出征した息子や孫の身を案じる年配の女性たちは、信頼を寄せていたことがうかがえた。

なかでも「日野のおがみ屋さん」は、関東近郊ではもっとも名が通っていた。

「会ってきたそうだ」

「こう言われたそうだ」

耳馴染みであっても、実際に足を運ぶには少し構えざるをえない存在、それが女性たちにとって、おがみ屋のイメージにもっとも近いのかもしれない。

だが、おがみ屋が我が身の切実な思いを受け止めてくれる存在として立ち現れる瞬間が訪れる。

死亡通知が届いた瞬間である。

日野のおがみ屋の前には、「死亡告知書」を握りしめた女性たちが、戦争中から行列をつくったという。


取材当時、九一歳を迎えた一九二五年（大正一四）生まれの大川教子は、日野のおがみ屋の行列に並んだ体験を持つ一人である。当時は一九歳。東京の女学校を卒業した教子は親が選んだ夫と結婚する。結婚してほどなく、夫は出征したきりで消息は知れなかった。

終戦直前、ついに大川にも「死亡告知書」が届く。南方と聞いてはいたが、硫黄島にいたことは、通知が届いて初めて知った。

「でも、毎日、どうやって食べていこうかで、冷たいと思われるかもしれないけど、亡くなったひとのことを考える余裕もなかった」

初めておがみ屋を訪れる機会が訪れたのは、終戦直後のこと。

大川同様、夫を戦争で亡くした仲のよい女性がおがみ屋へ行くと言いだし、付き添うことなったのである。

結局、おがみ屋へはやはり夫を亡くした一人を加え、三人で行くことになった。

朝一番に出たものの、日野駅に着いたのは正午を過ぎ午後になった。駅前でおがみ屋の場所を訊くと、こう応じる者があった。「皆が歩くほうに行けばよい」。

「日野と言えば、おがみ屋の雰囲気さえあった。駅前ならば誰でも知っているだろうと思った」と大川は言う。

駅から近くはなかった。同じ方向に歩く者たちの表情は一様に暗く、思い詰めたような顔にも見える。年老いた者から若い者まで、女性ばかりが、道ともあぜともつかない細い筋を列をなして歩いていた。

「皆、おがみ屋に行くの」と教えられて、大川は心底、驚かされた。

「夫や子を亡くした者は皆、その声を聞きたさにすがってくるのだろうか」

同じ女性として身につまされる思いにもなった。連れの二人も一層、気の重そうな張り詰めた雰囲気を漂わせ始めた。三人のなかではもっとも若かった大川は気を遣い、二人の風呂敷包みを持つことにした。

栄養状態が決して好転していない終戦直後の、しかも遠方からだ。疲労感は大きい。

「食糧事情は戦争が終わってからいっそう悪くなって」（大川）もいた。

だが、大勢の女性たちが、心身ともに辛かろう体を押して、おがみ屋を目指していた。

それまで神仏への信心がなく、また霊的なものと聞けばうさん臭く感じてしまう大川もさすがに、おがみ屋とはそれほどのものなのか、と感心した。

到着したのは、一軒の民家だった。

八王子のほうも空襲が激しかったと聞いてはいたが、おがみ屋は、平屋ながらほぼ無傷で、修復した痕もなく、野原の真ん中に、きれいなまま建っていた。

まずは納屋のような小屋に案内された。その〝待合〟には、やはり女性ばかりが座っている。我が子を連れた者もいた。

「まるで防空壕のなかみたいだったけど、みんなやっぱり思い詰めた顔をしていた」と大川は言う。

日野のおがみ屋は、とにかく「当たる」と言われていた。おがみ屋から戻ってくる者たちの表情を眺めていると、皆、一様にすっきりした顔をしているように見えた。

いよいよ連れ合いたちの順番が回ってきて広間に通されたものの、大川は遠慮して軒の外で待とうとした。ところが、「あんたもお願い」と連れ合いに腕を引かれ、しぶしぶ、大川もおがみ屋の前に座らされることになってしまった。

「二〇人までは到底、入れなかったから、おそらく、四、五人」（大川）のおがみ屋が床の間を背に、一列に並んでいた。

寺のお堂然とした部屋に、大川らは通された。歳の頃は、還暦をとうに過ぎたであろう老婆から、四〇代半ばから五〇代くらいの中年女性まで、年齢層は幅広い。男性は一人もいなかった。それぞれのおがみ屋の前に、一人ずつ座って対話をするかたちである。

日野のおがみ屋では、一連の作法は次のようなものだった。

話に来た者から「おうかがい」し、おがみ屋は言葉で「おしめし」を下す。

おがみ屋には決まった額の謝礼はなく、「お気持ち」で大丈夫ということだった。

連れ合いの一人は、夫の母親から義理の弟と一緒になるように言われ、その許しを請いたいと、おがみ屋に「おうかがい」した。

おがみ屋から返ってきた「おしめし」は、いかにも未亡人の感涙を誘うような優しい言葉だった。しかも決して連れ合いの戦死した夫でなくとも言い当たるものに思えた。

連れ合いは眼にうっすらと涙を浮かべながら、おがみ屋の言葉ひとつひとつに深く頭を垂れていた。その彼女が突っ伏して大きな声を上げたのは、次の「おしめし」が下されたときだった。

「ご主人は、弟さんと一緒になって、家を守ってくれと言っておられます。母さんと弟を頼むと言っておられます」

彼女の琴線に触れたのだろう、大声を上げたかと思うと、畳に突っ伏した。

おがみ屋は両手をそっと膝の上にそろえたまま動かない。ただ黙って、泣きじゃくる彼女の姿を眺めていた。

落ち着きを取り戻した連れ合いが、白い紙に包んだものをそっと差し出すと、おがみ屋は「はい」と受けとるや、尻の脇に滑らせた。

見やれば、おがみ屋の背中には、謝礼とおぼしき袋や包みが、山のように積まれている。

おがみ屋から不意に声がかかった。

「そちらのかたは……」

それは大川に向けられたものだった。

とっさに「私は付き添いだけですので」と答えると、連れ合いは、「せっかくだからあなたも」と言い始め、大川はしぶしぶ座り直した。

何を切り出していいかわからず、思わず口を突いた。

「私も夫を戦争で亡くしまして」

身を固くして、おがみ屋の次の言葉を待っていると、おがみ屋はあごを左へクイとひねったように見えた。

頭をかしげて、こう告げたのだ。

「おかしいね。あなたのご主人は笑っているよ」

「笑っておりますか？……それは成仏して喜んでいるということでしょうか」

おがみ屋は、今度は眉間に小さくしわを寄せてこう言うのだった。

「いや、違うね。こっちを見ているよ。西の空を見ているね。あなたのご主人は毎日、空を見ているよ」

意味がとれずに、大川は訊ねた。

「西、というのは……それは……いったい……」

「ニッポンを見ているよ。ニッポンのほうを見ているね」

おがみ屋は間髪入れずにこう告げた。

「あなたのご主人は死んではいないよ。生きているよ」

えっ、と大川は声を上げた。

「生きてるね。間違いない。あんたのご主人は生きてる。死んではいないよ。毎日、日本のほうを見て、帰れる日がくることを祈っているよ」

信じられない大川は言葉を返した。

「でも、たしかに死亡したと通知が……。生きているなんてことがあるのでしょうか」

おがみ屋は一向に譲らない。

「あたしにはあなたのご主人の姿がはっきり見えるね。生きてるよ、あなたのご主人は」

「ご主人はあなたと子どものことを思っているよ」と言われたときにはさすがに、動揺した。

大川には幼い男の子がいた。宮城にある夫の実家に預けてあったのが、障害をもっていたこともあり、連れ合いにも子がいると明かしたことはなかった。

硫黄島では、日本軍は全滅したのだ。それが証拠に、死亡通知も来ているではないか。そんな確かな状況を前にしても譲らないおがみ屋に複雑な心境を抱いて、帰路につく。

だが、終戦から何年を経ても、この一件だけは鮮明に覚えていた。終戦の翌年、夫はたしかに生きて戻ってきたからである。

硫黄島での戦闘に従事した日本兵はおよそ二万人。そのうち、生還を果たしたのは一〇〇〇人ほどとされる。還らぬ者がほとんどの戦いで、夫の生存を「おしめし」したのが、おがみ屋だった。

「死亡告知書」さえ当てにはならない時代だからこそ、おがみ屋をたのみにする者がいた。

「日野のおがみ屋」は現在、大星教会という名で存続する。しかし現在はおがみ屋と呼ばれた当時の様子を伝えるものは残っていない。

第二話　大空襲　駆け抜けた業火

一九二一年生まれの高麗きちは、東京大空襲を生き延びた。深夜、胸騒ぎの直後に始まった空襲のなか、高麗は着の身着のまま、玄関を飛び出した。それから一晩中、炎を避けて走り続けることになる。風に煽られた炎が背に迫ってくるなかで、高麗は炎の後ろに回り込む。焼け落ちた跡ならば火はないはず。生存した高麗はその日以来、齢九〇を過ぎても、夜になると記憶がよみがえる。

一九四五年早春、東京上空に三〇〇機とも言われる未曽有の数のB29が来襲する。降り注いだ一万七〇〇〇トンの焼夷弾で、東京の下町は一面、火の海と化し、死者は一〇万人に上ったと言われる。空に大きく立った無数の火柱は火炎旋風と呼ばれる熱風を生み、逃げ惑う人々を竜巻のように飲み込んでいく。

生き延びるほうが奇跡に近い状況のなか、一晩、火柱の間を走り抜けた女性がいた。高麗きちが異変に気づいたのは、三月一〇日未明のこと。

あれ以来だよ、若いときからずっと、眠れねえんだよ。予感とか、そんなのはぁ、なかったよ。

ただ、なんか、いつもと違うなあと思って布団のなかで耳を澄ましてたんだけどよ、やっぱり、何か違うなあ、変だなあと思ってたんだよ。妙に静かだなあ、って。でも、夜だから静かだなあっていうわけじゃあなかったんだよ。あたしゃ、三歳で養子にね、もらわれっ子に出されたから、いろんなもんに気を張ってたからよ。どうしても、もらわれっ子に出されると、他人の家で育つからそうなりゃあね。

空耳かなあ、でもおかしいなあ、音がまだ鳴らねえなあ、おかしいなあって、布団のなかでじーっとしてたんだよ。耳を澄ましてよ。でも、鳴らねえんだよ。

空襲警報の鐘の音が鳴らねえんだよ。でも、天井を睨《にら》んでるとよ、屋根の上っていうか、遠くから、何か、地鳴りでもねえ、振動みたいなもんが響いてくるような気がすんだよ。

空耳かなって思ったけど、いや、違うだろう。やっぱり何かが来るなって。だんだん、近づいてくるなって。地鳴りかなって。でも地鳴りとも違うなって。あたしも、当時は二四歳か、もう大きかったから、地震の揺れくらいは体験してるからよ、地震の前触れとも違うなあってくらいはよ、わかるわけよ。

でも、空襲だとすると、ぜんぜん、空襲警報の音が鳴んねえわけよ。で、雨戸の戸袋がカタッと一度だけ揺れてよ。やっぱりだっ、と思ってよ、布団を跳ねのけたら、外から大きな声が聞こえたんだよ。

くうしゅうー、くうしゅうーってよ。

もうそこから先はよ。なんだろうな。養父母とどうなったのか、どこではぐれたのかは覚えてねえんだよ。ただ、その日の空襲はそれまでとは違うなって、そんな予感だけはしたな、そのときにな。空からくる音が違ったんだよ。とにかく、今まで経験した音じゃあ、なかったから。

取材当時の高麗きち

　靴に足を突っ込んでよ、外へ駆け出たわけだよ。そうしたら、もう、みんな、防災ずきんを被った人が右に左にって大勢よ、いるわけだよ。そのときに自分が防災ずきんを被ってたかは覚えてねえなあ。それどころじゃあ、ねえわけだよ。

真っ暗闇？　そのはずだったんだけどよ、真昼間みてえに、上空にはB29が見えたな。これまで見た事もないほどの数で、ひく〜くてな。ひく〜く飛んでたよな。ありゃ、昼間は銀色にキラキラ光ってんだけどよ、夜は真っ黒の影だけが見えんだよ。それがい〜っぱいでよ。黒い空が動いてんだか、こっちが動いてんだか、わかんね〜くらいでよ。

みんな、退避壕を探してたんだろうよ。

でもよ、もう凄い群衆が路上に飛び出しているからよ、退避壕なんてのはちっちゃいもんだったからよ、ああ、そんなとこに向かっても、もう、一杯だろうってすぐにわかってよ。みんな家族で手を引きあっててよ、空からはヒュー、ヒューって雨みてえな音が落ちてくるからよ。

ドーンと落ちるとよ、小さな火の炎がポーッと屋根へ上がるんだよ。そんで、ありゃどういうんだろうね、いったん息潜めるみたいによ、火が小さくなったみたいに見えると、パチパチチッという音がして、もう、今度は火に包まれてるわけよ。

冬だし、乾燥してたからなあ。家の芯にも、火があっという間に燃え移ってったんだろうなあ。

後からまあ、思えば、三月一〇日は陸軍記念日だったらしいから、戦争だから、そういうのを台無しにしようと思ってめがけて来たのかねえ。

Ｂ29がその晩は三〇〇機から来てたらしいよ。爆弾が一万七〇〇〇トンだか。焼夷弾だろう。落ちりゃ、もう、燃えるだけよ。

その頃、家は荒川警察署の向かいにあって、そこから逃げたんだけど、当時は木造の家ばかりだからね。東京が焼けるのは、簡単だろうよ。布団のなかで聞こえてた地鳴りみてえな音は、ありゃ、間違いなかったんだよ。Ｂ29が三〇〇機だよ。あれが、だんだんだんだん、空から近づいてきてた音だったんだろうよ。

みんなよ、右だー、左だーって走ってるけどよ、まあ、どこに向かってんのかよ、自分でだってわかんねえんだよ。

風も強かったなあ。爆弾はそりゃ、上から落ちてくるんだけどよ、誰も上を向いて逃げてるやつなんかいねえよ。目の前の火がとにかく凄くてよ。

それにしても、その日はほんっとに、空襲警報なんか聞こえなかったなあ。とにかく、こっちはとにかくも逃げなくちゃよ、いけなくなってよ、いまさら警報どころじゃねえけどよ。

風は強かったなあ。あれも、火炎旋風っていうのか、火の竜巻みたいなもんだろうよ。それでだろう、風が火を巻いてよ、熱くて、熱くて、たまんねえんだよ。でもなあ、忘れらんねえよ。あれは、かわいそうだったねえ。あの婆さんはどうしたかねえ。

火に追われてよ、逃げても逃げてもよ、火の海から逃げらんねえんだよ、どこまで行ってもよ。顔から身体からよ、熱いなんてもんじゃあねえよ。三月のはじめでよ、まだ夜はさみいんだけどよ、炎の熱でよ。

防災ずきんなんか被ってたってよ、焼夷弾が直撃すりゃ、一巻の終わりよ。しかも、こうも周りが炎に囲まれてちゃよ、防災ずきんなんかだって焼けちまってよ。被ってるだけであぶねえよ。気い抜いたらよ、塀だー、壁だーって火いついたまま倒れてくるからよ、飲み込まれちまうよ。電柱なんかも、木でできてたからよ、火いついたらよ、ロウソクみたいに、燃えたまま立っててよ。そんで、こっちに倒れてくるんだからよ。まったく、ありゃあよ……。

とにかく、考えたのはよ、火の手が背になるようによ、走って走ったんだよ。大きな火柱が空に何本も立ってんだろう。とにかく、そこに飲み込まれないように離れなくちゃなんねえだろうよ。あたしは、小さい頃からきかない子どもだったけどよ、生き残れるだろうか、助かるだろうかってよ……助かりたいってよ……。生きたい、生きたいってよ、その一心でひたすらに走り続けたんだよ。

向かうあてなんかあ、ねえよ。どこに向かったって、助かる保証なんかねえだろう。とにかく、火の手から離れる方角に走り続けなけりゃなんねえんだよ。

晩年の高麗きち

でもよ、今思うとよ、不思議と、上野の山の方に向かってたんだろうよ。なんで川に向かわなかったのかはわかんねえよ。川じゃああぶねえな、と思ったのかもしれねえよ。

関東大震災のときのことを、古いひとから聞いてたからな。そんな話が頭のどこかにあったのかもしれねえよ。

あん時も、隅田川にもみんな、熱

くて熱くて飛び込んだんだけど、人の上にまた次から次にとにかく熱くてたまらないもんだから、人が飛び込んできたんだってよ。それで、もう、人間が重なっちゃって……。頭の上から人間が落ちてくるんだってよ。それで、結局よ、みんな溺れ死んだんだよ。そりゃそうだろうよ。もう入ってくるなって言ったって、熱くて行くとこねえもんよー。川に飛び込むだろうよ。次から次に川に飛び込んだらどうなるよ。みんな溺れちまったんだよ。そのまま遺体も上がらず、だよ。

こんな話が頭のどっかにあったからよ、川べりに押し寄せたら溺れ死んじまうっていうのがあったのかもしんねえよ。でもよ、大きな火柱が、まるで生き物みてえによ、空に揺らめいてんだからよ、ありゃこえーわな。

とにかく走って逃げてたらよ、婆さんがよ、いたんだけどよ、逃げてっていうのか、まるで歩いてるみてえに、ゆっくりよ。

あたしはよ、婆さんをドーンと地面に突き飛ばしたんだよ。背中が地面に着くように突き飛ばしたんだけどよ、婆さんは地面に仰向けに倒れたんだよ。

そしたら婆さんがよ、叫ぶんだよ……。

あんたー、あんたー、なにすんのよーなにすんのぉてよ。

でもよ、それどころじゃねえから、婆さんの言葉なんかに答えてる暇はねえからよ。婆さんの肩を摑んでよ、地面にこすって、こすってよ。知らねえもんがみりゃあよ、わけえ女が老婆をなぶってるように見えただろうよ。でもよ、そんなこと気にしてる場合じゃあ、ねえんだよ。

地面にもんどりうったってよ、婆さんの背中から火が昇ってんだよ。あたしゃあよ、もう必死で、婆さんの背を叩きつけるようにしてよ、地面に押さえつけたよ。

あんたー、あんたーって婆さんは叫んでんだけどよ。火を消さなきゃ、婆さん、焼けちまうだろうよ。

周りも火だからよ、婆さんも熱さで、自分の背が燃えていることさえもわかんねえんだよ。カチカチ山だろうがよ。

襲われてるとでも思ったんだろうよ、婆さんが叫ぶんだよ、たすけてえってよ。

だから、あたしも叫んだんだよ。

おばあちゃんっ、おばあちゃんっ、あんたのっ、あんたのっ……って。婆さんの背中をはたき続けてよ、叫んだんだよ。

あんたの背中が燃えてるんだよってな。

ありゃ、どこだったろうかね。たぶん、上野駅から遠くないところだろうな。

まだ燃えてるんだけどよ、空はくすぶってんだけどよ、朝日が射してきたんだろうよ。

それ見てよ、ようやくだよ、助かった、と思ったかな。

どこに向かおうにもよ、足の裏がいてえんだよ。走り過ぎたからかなって思ったけどよ、道端に腰を下ろしてよ、靴を脱いでみてたまげたよ。

溶け落ちたんだろうな。靴底がペロンペロンの薄皮一枚でよ。

ところどころ、穴も開いててよ、底が抜けてるも同然でよ。地面の小石がそのまま足の裏にあたっちまってってよ。いつからかねえ。走ってる間もぜんぜん、気いつかなかったよ。

痛みを感じるどころじゃねえからな。逃げるのに必死でよ。とにかく、あちいんだよ。火に巻かれてよ。

周りみたらよ、残ってるのは、コンクリートの鉄骨みたいなもんだけでよ。

業火ねえ。そんな言葉でどんだけ言ったってよ、あのあちいのはわかんねえだろうよ。

でもよ、必死のなかでもよ、生死を分けるのはよ、やっぱり、偶然じゃあねえんだよ。まあ、知恵っつーか、まあ、偶然じゃあねえんだよなあ。

結局よ、焼けちまえば、跡にはもう燃えるもんはねえだろう。だから、焼けた方向に、焼けてるけど、もう焼け終わりそうだっていう方向に逃げるんだよ。焼けてるなかに飛び込みゃだめだけどよ。焼け落ちたところに逃げれば、もう燃えるもんはねえんだからな。だからよ、風の具合を確かめながら、おおきく回り込んでよ、火はくすぶってても、焼け終わった場所に向かって逃げたんだよ。

火だけじゃねえよ。煙もすげえんだけど。逃げてるときに、気がついたんだよ。こりゃ、むやみに逃げても逃げ切れねえなって。家が燃え落ちたところならば、これ以上は燃えるものがねえんだから、そこに回り込めば助かるって……。

朝はよ、燃えた電柱が炭になって転がってるからよ、そこに手をかざして、身体を温めたよ。生き残れるかって火の海を走ってたのによ、朝になったら、やっぱり風は冷たくてよ。生ぬるい風が流れてくるんだけどよ、死臭だろうよ。そこらじゅうよ、黒くこげてよ、炭になったのがごろごろしてんだよ。そんだけの数の遺体を見るなんてのは、初めてだったよ。

でも、そんときはよ、炭になった電柱に手をかざしてるだけでよ、涙なんかは出てこなかったよ。

背中に火いのついた婆さんはどうなったかとかよ、思ったけど、これじゃあ助かったかどうかはわからねえなあ、とか思ったりよ。

　川べりはみんな、遺体の山でよ。折り重なってよ、打ちあがった遺体はみんな、水のなかで溺れ死んでるからよ、男と女の違いが見てわかったよ。男は国民服、女はもんぺ姿でよ。水のなかだったから、

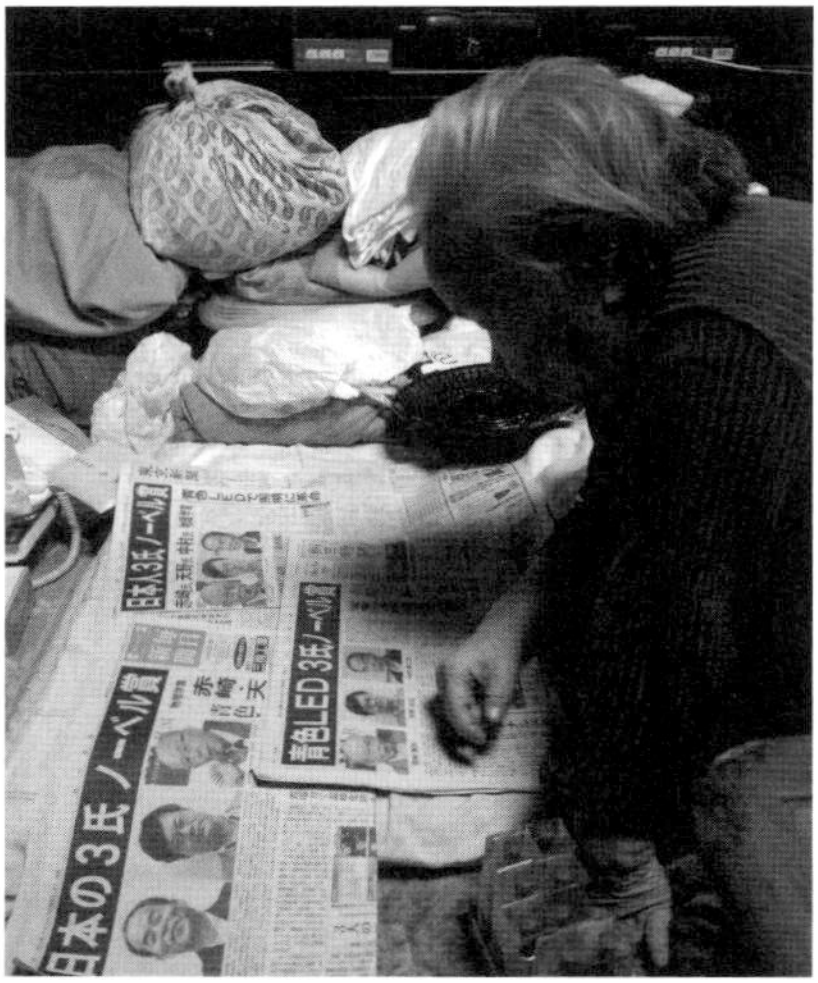

日課は新聞の読み比べ

服が燃えずに、残ってたんだよ。

　地面の遺体はもうよ、男も女もわかんねえよ。真っ黒に焼けてよ、わかるのは、身体の大きさの違いだけでよ。大人か子どもかはわかる。服はみな焼けて裸だからよ、たまに男の遺体だとわかるものがあった。あれがついてりゃ男でよ、なけりゃあ、女だろうよ。

　でもよ、あたしゃ生き残ったけどよ、あのひとはどうしたかねえ。もう、消息がわかん

ねえんだよ。多分死んだんだろうなあ。もし空襲を生き延びたとしても、身体が弱かったから、戦後まで生き延びたとしても、結核かなんかで死んだだろうなあ。

あたしをよ、初めて渋谷に連れてってくれたのが、そのひとだったんだよ。戦中だよ。あたしも、若い頃はよ、きかない娘だったからよ。でも、その頃はまだ生娘だったから、乙女らしく、しおらしかったもんだよ。

つんてくつんてくってよ、男の背中を必死で追いかけて歩いてよ。初めて男と連れだって歩いたのが渋谷だったんだよ。男の横に立って、並んで歩くことなんかできねえよ。乙女なんだからよ。

そしたらよ、あのひとが振り返って言うんだよ。

おい、もっと、顔をあげて、背中を伸ばして、堂々と歩かないとダメだ。もっと自信を持って歩かないと。自信を持て、自信を。胸を張ってってよ。あたしはな、まだ生娘だったから、あっはいって、かわいく返事しちゃってよ。

喫茶店に入ったらよ、いつもの癖でよ、あのひとの顔をじっと凝視してたんだよ。あのひとは、ずいぶんと寡黙でよ、あんまりしゃべんねえんだけど、こう言いだしたんだよ。

僕はね、作家を目指しているんだってよ。

すげえなあ、と思ったよ。あたしもよ、もらい子だったけど、そっちの家でも、朝日新聞だけはとってもらってたからよ、読むことは好きだったんだ。

あのひとはよ、名前は石井達吉っていってよ、『蒼氓』って書いた作家の石川達三っているだろう。こっちは達吉。一文字違いだったからな、忘れねえよ。

達吉は作家を目指してるんだって言ってよ、原稿用紙に書きかけのものなんかを見せてくれるんだけどよ、それが小説なのか、勤めてる新聞社の仕事のものなのかはわかんねんだよ。

新聞社で記事を校正する仕事だって言ってよ。なんつったのかな。検閲の仕事？　検閲？　検閲だったっけな、校閲か。達吉はよ、校閲の仕事をしてたよ。

達吉は、それをやってたんだよ。で、その達吉が喫茶店の窓から外のカップルを見ながらよ、なんの拍子にか、男と女の話になったんだな。新婚初夜の話だよ。

僕はね、納得いきませんよって言いだすんだよ。みんな新婚っていうと、熱海とか箱根とか行くでしょうって。あれ、僕は嫌なんですってよ。

それがよ、こう言いだすわけなんだよ。

男と女が初めて結ばれるわけでしょう、初夜というのは。いくら熱海の旅館、箱根の旅館、老舗の旅館といったって、その前の晩はどうなんです？　その部屋のその布団には、他の男女が寝ていたわけでしょう。そんな布団に僕は寝られませんよ、だってよ。

でよ、まだ言うんだよ。いいですか、男と女が初めて結ばれるんですよって。それを、昨日まではどこの誰だかもわからぬ男女が身体を絡めていたその布団で、これから一生を添い遂げようという二人が身体の契りを交わすなんて、考えられますかってな。

あたしはただ頷いてただけなんだけどよ。不潔でしょう、僕は不潔だと思うって、力が籠もってよぉ。誰が寝たかわからない布団で初夜に一緒になるなんてダメだって。だから、熱海も箱根も、新婚初夜を迎える場所ではないと思うってよ。

あたしもまだ乙女だったからよ。へえーって感心するやら、でよ。

その達吉さんもよ、空襲以降はどうなっちまったのか、わかんねえわけだよ。

あたしが若けえ頃の、まだ乙女だった頃の写真もみーんな、焼けちまったよ。何しろ、家から何から、ぜーんぶ焼けちまったんだからよ。

あたしの親戚なんかはよ、半年間ずっとよ、おきっちゃんが死んだと思って線香あげてたんだなんて言っててよ。あたしが現れたらびっくりしてよ。おきっちゃん、生きてたのーってよ。

ところがよ、おもしれえことがあるもんだよ。

戦後よ、ひさご通りにあたしの仲がいい女友達がいたんだけどよ、その女のところに遊びにいってるときによ、その女の彼氏が現れたんだよ。

そしたら、その彼氏がよ、あれっ、江田さん？　江田さんじゃないのって言うんだよ。結婚するまでは江田だからよ。

そしたら、なんでだろうねえ。その男がだよ、あたしの女友達の彼氏がだよ、あたしの写真を持ってるって言うんだよ。ほら、あたしゃ、鼻の付け根がへっ込んでて、金魚鉢みてえだなあ、おめえ金魚飼えよ、なんてよく言われてたほどの不器量だけどよ、どこにどうしまっといたんだか、あたしの写真があるって言うんだよ。

だって、空襲でぜんぶ焼けちまってよ、あたしだけじゃねえ、みんながなーんにもなくなっちまったっていうのによ、なんで友達の彼氏があたしの写真なんか持ってるのかねえ。好いてた？　そんなわきゃあねえよ。金魚鉢みてえな顔なんて言われてたんだからよ。

おかしな話だろう。あたしは、嘘じゃないかと思ったんだよ。そしたらよ、ほら、これだよ。男が持ってきてさ、あたしの写真だったんだよー。乙女の頃の。

でもな、これが一枚だけ。これが一枚だけだよ。あたしの乙女の頃の写真はな。その男が持ってたんだよ。

不思議だろうよ。みーんな、なにもかも焼けちまったのに、あたしの写真を、友達の彼氏が持ってたんだよ。それをあたしにくれてさ、こうして持ってるわけだよ。これが一枚だけ。空襲で残ったのは。


でもな、いつからだろうな、眠れねえんだよ。

あの晩かなあ、あの晩からかなあ。そう言われればそうかもしれねえな。

達吉も死んじまったかなあ。

忘れねえのはよ。空襲が来るなんてわかんねえからよ。達吉の後ろにちょんとついて歩いてたらよ、達吉がこう言ったんだよ。

胸を張って、顔をあげて生きなきゃダメだってよ。

あたしゃ、三つでもらい子に出されただろう。女に学なんかいらねえなんて言って、学校にも行かせてもらえなくて、いつからか肩身も狭いし、小さくなってたんだねえ。それがさ、胸を張って、顔をあげて生きなきゃダメって。

空襲でなーんにもなくなって。達吉もどうなったかわかんなくなって。でも、あの言葉は忘れねえなー。

胸を張って、顔をあげて生きなきゃダメってよ。

今まで頑張ってこれたのは、その言葉をよすがにしてかって? そんなわきゃあ、ねえよ。そんなきれいなもんじゃあねえよ。いろいろありすぎてよ。こっちはもうすぐ一〇〇歳だぞ。いろいろありすぎて、考え出すと眠れねえんだよ。こうしてよ、朝までよ。

第三話　ふたつのピカドン

一九一六年生まれの山口彊《つとむ》は、わずか三日間で二度、原爆に遭遇した。一度は広島で。もう一度は郷里の長崎だった。原爆が追いかけてきた、と語る山口は晩年、被爆体験を語り始める。我が子を癌で亡くしたのがきっかけだった。自身の被爆体験と無縁ではないと信じ、沈黙から語りに転じた山口は、二つの原爆を間近で見た末に何を思うのか。

水の都、広島の地形はちょうど、手のひらを眺めるとわかりやすい。五つの指を川に見立てれば、海に注ぎ込む肥沃な中州地帯に人々の生活はある。

造船設計部の製図工だった山口彊が被爆したのは、勤務していた、広島港にある三菱重工広島造船所への出勤途中だった。広島電鉄江波線の当時の終点、舟入南町停留場を降り、歩き始めたところ——。そこは、ちょうど、爆心地からの直線距離で三キロほどの場所だ。

一九一六年、長崎県で生まれた山口は、旧制中学を卒業したのち、三菱造船長崎に入社し、造船設計部で働き始める。戦中も、国内の技術者不足を補う政府の方針のため、出征することはなかった。

そして、同僚二人とともに長崎から広島へ長期出張していた山口は、八月七日には長崎へと帰任することが決まっていた。その前日に、ピカドンと遭遇する。生まれ育った長崎には、妻の久子と生後まだ半年の、捷利《かつとし》を残していた。

いま、山口が被爆したあたりは、広電江波線の車庫となっている。かつてその場所には、水の流れがあり、小さな橋が架かっていた。その橋を渡り、徒歩で仕事場のある造船所へ向かった、八月六日午前八時一五分、原爆が落ちた。

二九歳のときだった。

「向こうから、白い日傘をさした女のかたが、僕のほうに歩いてきた。それを見ていたら、急に、B29が急上昇するようにエンジンを吹かす音が聞こえて……」

被爆前後の様子を、山口が説明する。

「何だろう? そう思った瞬間です。地上に白い光が満ちて、中空に炸裂し、膨張する大火球を見ました。瞼をきつく閉じても見えるくらいの、それは青より白色に近い、マグネシウムの色をした大爆発だった」

「町がねじれ、潰れて、すべてがこちらに向かい、わっと迫り来る光景が、見るともなく見え、眼底に焼きつきました。前後も上下も見失い、自分が立っているのか、どこにいるのか、すべてがどうなっているのかわからないんです」

「映写フィルムのたてるカラカラという音が耳に響くと、なぜか妻や我が子の顔が回転して見えて。私はふたりに懸命に話しかけようとするんですが、妻と子の姿は次第に小さく、暗がりに溶け込み始めて。呼びかけようにも声がでない。そのまま気が遠くなってしまった……」

その日の未明、太平洋上、マリアナ諸島の飛行場を飛び立った、「エノラ・ゲイ」が、世界で初めて原爆を投下した瞬間だった。

「原子爆弾だなんてわからないんでね。ピカッと光って、ドーンと落ちた。だから、ピカドン」

命だけは救われたものの、爆風で飛ばされた身体の、左半身は焼け爛《ただ》れている。

「髪の毛はすべて燃えてしまって、顔から首にかけてとろけてしまって……ひどい火傷で、焦げた左腕がだんだんと膨れ上がって、皮が剝けて垂れ下がってきました」

死んだかのように息を失った左半身のその命を懸命につなごうとするかのように、「右半身からは絶え間なく汗が噴き出し」た。

息を吹き返した山口は、川をふたつ越え、会社の寮に辿りつく。

「身体の熱がすごくて……。四〇度くらい……。それで、悪寒で身体がガタガタ震えるんですね」

必死の思いで寮に戻った山口は、自身を迎えた温かさを、今も忘れない。

「防空壕のなかに入ったら、寮のおばさんが、生きとったね、と抱きついて、涙を流してね……」


「一夜明けて、町内会長さんが、おお生きとったかって言って、長崎に行く避難列車が出るぞ。ひとが多いから、それに乗らんと次は一ヵ月先か、二ヵ月先かわからんぞと教えてくれまして」

寮を守る中場夫妻の、工業学校に通う長男の安否は確認できない。それにもかかわらず、故郷の長崎へ発つという山口たちに、寮母としての優しさからだろう、品不足の戦中にどこから出してきたのか、ひとつずつ、白米の握り飯を持たせた。

「大きなおにぎりでした。それを持って、歩き出したんですが、死体の山なんですね」

道の傍らには、戦中とはいえ、山口が見たことのない凄惨な遺体が至るところにあった。

「胸から下が焼けてね、胸腔のはらわたが煮えて、色が変わってるんですわ。男か女かはわからないが、はらわただけは、ぞろっと煮えて……流れて、あるいは黒こげで山になってる……」

一〇代の頃から短歌をたしなんだ山口は、のちにこう詠《うた》っている。

――うち重なり　焼けて死にたる人間の　脂滲みし　土は乾かず――

死体は足元ばかりではなかった。

「それで、川のほうを見ると、どんどんどんどん、死んだ人間が流れてくるわけです」

その数の多さと、折り重なって水面にあたかも組み敷かれたような様に……脳裡にはこんな言葉が浮かんだ。

「まるで、人間のイカダだな」

潮の干満は、ときに強く川面を波立てる。

「人間のイカダが、どんどんどんどん、広島湾のほうに、引き潮でひかれていくわけです」

——大広島　炎え轟きし　朝明けて　川流れ来る　人間筏——

山口が強く記憶を留める、中場夫妻の消息は、ついに突き止めることができなかった。

山口によれば、寮は当時の広島県立工業学校の裏手にあった。

「学校の裏と寮の間には、水の流れる小さなクリークがあった」という記憶を辿ると、学校跡地と、住宅地との間に、緩やかな曲線を描いた小さな道路が走っているのを見つけた。その道路に面する辺りの家の戸を叩くと、比較的古そうな家の主らが、かつて、たしかにそこに「ドブ川」が流れていたと教えた。

山口たちが乗り込もうと考えた長崎への避難列車は、己斐《こい》駅（現・西広島駅）を発つ。

このとき山口が寮から駅まで辿ったと思しき道に沿って、寮のあった場所から西広島駅まで歩くと、ちょうど一時間かかった。

直線距離にすれば、わずか三〜四キロの距離である。歩数にしても一万歩には届かない。だが、およそ四〇度の暑さのなか、体温だけでも四〇度あり、さらには悪寒で震えながらの避難行である。

鉄路は山際にそって、河口を大きく取り囲むように走っている。西広島駅から横川駅、そして現在の広島駅へは、いずれも、「東に向かう」ことになる。原爆の被害は広島市内でも東にいくほど酷く、投下後の延焼から逃れようと、人々は自然、西へと殺到した。

やはり、旧制高等小学校の一年時、一三歳のときに被爆したというある人物にたずねると、こう応じた。

「それこそ幽霊の行進よ。みんな、腕から皮が剝がれて、手を幽霊みたいに前へだらんと下げたまんま……みんな西へ西へと逃げてきて」

「川んなかも、材木と牛の死骸と、犬の死骸と人間の死体。それこそ首のない死体もあるし……潮が満ちてくれば河口からまた死体が川を上ってくるわけよ。とにかく、何日も何日も、川は動物と人間と材木で埋め尽くされて。でも、不思議と怖いとかそういう感覚じゃないわけよ」

山口を乗せ、己斐駅を発った汽車は、一昼夜を走り、翌八月八日の昼過ぎ、長崎駅に到着する。だが、故郷・長崎に降り立った山口を、非情なピカドンは追いかけてきた……。

長崎に到着した翌日、気丈にも造船所に出勤した山口は、上司に広島の様子をたずねられた。

「大本営発表では、相当の損害ありということだが？」

「相当の損害どころか、全滅ですね」

事情を飲み込めない上司は、山口をこう突き放す。

「全滅？　君は頭をやられてしまったんじゃないか」

そのときだった。

「その瞬間、バーンっときたんですよ。ピカッ、バーンと」

六階建ての事務所の外に閃光が見えた。

「窓の外をみたら、キノコ雲が立っている。……広島から……広島から追っかけてきたんだ……」

「白黒の写真じゃわからんでしょうけど、キノコ雲はキラキラキラキラと、太陽の光を反射して、虹色に色を変えるんですよ。初めは真っ黒い煙なんですけど、だんだん雲が動けば、分化された虹の色がピカピカッと。それは不気味なキラメキですよ」

八月九日、山口は東の空に、二度目となる、二つの不穏な太陽を見た。

「地を轟かす音が腹に響いて、とっさに潜り込んだ机ががたがたと鳴って、すぐさま竜巻の塊のような、ものすごい強風が建物を殴りつけました。「助けてくれー」と絶叫する課長の声が聞こえました」

山口はやがて、建物のなかに吹き込む爆煙がおさまると見るや、机から這い出て、建物の裏手の窓を開けた。

「窓を開けて、崖に飛び移って、よじ登ったんです。その崖の上には、防空監視塔がありまして、そこにはやはり、もう真っ赤に焼けた、若い監視員が倒れていました。爆風にやられたんでしょう。もう息はなかったように思います」

遠く、浦上方面の上空にはキノコ雲が立ち昇っている。我に返った山口は、自分自身の身体を見ると、顔面や腕の包帯が跡形もなく溶け落ち、「まるで、マグロの赤身のような体液がにじんで、傷口には、粉をまぶしたような塵が……」

今もその場所には造船所の設計部がある。敷地内には入れなかったが、そこに勤める職員によれば、その建物の上からは、浦上方面が一望できるという。そして、現在も建物の裏手には、すぐにでも飛び移れそうなほどに崖が迫っている。

「ただ……不思議に助かってますから、奇跡に近いんですね。長崎と広島は三〇〇キロ離れてます。それを三日間かけてピカドンが追っかけてきたんですね」

山口が自身の被爆体験を語り始めたのは決して古くはない。長女・年子の記憶では、若い頃は家族にも語ったことは一切なかった。

「自分ではあんまり、こういうことを話したくないんですね。あんまり気持ちのいいことではないから。地獄の一丁目、二丁目を通ってきたような話だから」

年子がまだ幼い、小学生の頃の話である。山口は、石炭の島で知られる高島で英語の教員をしていた。山口は終戦後、会社を解雇され、高島の中学で働くことになったのだ。

「白血球が少ないから治療しないと、と病院から言われたのに、父は心配させまいと、母には「血液の栄養失調だと言われた」っていうわけですよ。そしたら、母は素直に受け取って、まるで貧血を治療するみたいに、栄養をつけさせなきゃって、お給料も少なくてたいへんなのに、食事には気を遣うんですよ」

気苦労の多い妻の久子は、ときにこう漏らすことがあったという。

「お父さんは宝くじには当たらずに、不幸にばっかり当たってくる。いいことない……いいことなかった……」

二度の原爆に遭遇した山口の言葉が平静を装おうとも、身体の変化は隠せなかった。髪の毛がばっさりばっさりと抜け落ちた。

「怖かったですよ。いつ死ぬか……今もそうですよ」

そんな恐怖を共にした妻も病院で暮らすようになる。

――掌握り　たのしき夢を　みるべしと　痴呆の妻の　手の平ぬくし――

今を詠う山口がいた。


九〇歳を迎えた年、息子・捷利を癌で亡くした。

「……息子の死は、被爆の影響しか考えられなかった。いくら年月が経とうとも、原爆は私のもとを去ることはない。……私の現実は原爆から離れられない。ならば二回も被爆して、それでもなお生きているこの私には、まだやるべきことがあるのではないかと」

そして、その死から一年後の二〇〇六年八月、山口はニューヨーク・国連本部に立ち、平和を訴えた。

「長崎と広島で違いはありません。原爆にあってね、いいということはひとつもないです」

原爆の影響で、山口の左耳は聴力を失っている。

「でも、兄の死がなければ、やっぱり、お父さんは奮起しなかったと思います」

年子が不意にそう言ったとき、山口は、小さく頷いたように見えた。

山の中腹にある山口の自宅を辞去した直後、前触れもなく空から突然、大粒の雨が降り出した。Yシャツの上に、黒い染みが勢いよく浮いてくる。あまりの偶然だった。直前、山口は、私のシャツの袖を触りながら、言った。

「黒い雨が半そでのシャツに染み入るわけですよ。真っ白いシャツに黒い染みがつく。なんか、怖いでしょ。だから、脱いですぐ捨てたんです」

降り出してすぐ、幼い女の子の手を引く老婆とすれ違った。

「あー、雨が降ってきたね」

老婆の言葉に、女の子が無邪気に応えた。

「ようやく降ったー」

その瞬間、老婆の声が怒気を含んだようにうわずった。

「ようやくっ?」

私はハッと息を呑み、振り返った。小さな背の向こう、山の上には、まるでキノコ雲を思わせる大きな入道雲が立っていた。

老婆はもしや、黒い雨に打たれたことがあるのでは——。それが杞憂であってほしいと、私は祈った。

第四話　原爆孤老の「悲しき唄」

一九三一年生まれの折見眞人《おりみまさと》は、一九七〇年に全国で初めて開設された、被爆者を受け入れる養護ホームで暮らす。広島で被爆したのは学徒動員で働いていたときだった。自宅に戻った折見は、潰れた我が家の前で、助かった母と再会する。だが、幼い妹と弟は犠牲となった。折見はそのとき、弟にまつわる明かせない話を抱えることになる。決して母には明かせなかった事実。それは母を想う少年の、優しい〝嘘〟だった。

「原爆孤老」という言葉さえ、今ではすっかり聞かれなくなった。被爆によって両親や兄弟を失い、身寄りのない孤独な人生を送るようになってしまった人々をこう呼ぶのだと、そう信じてきた。ところが、原爆を体験した人間の心根を覆った孤独さには、自らの境遇に拠るものだけではなく、もうひとつの根があった。

ピカドンがそう呼ばれる謂れには諸説あろう。だが、次の記憶が正しいとすれば、おそらく軍人の間で「ピカドン」という言葉が交わされたのは、このときが初めてだったかもしれない。

終戦直後、ＧＨＱとの統治折衝に当たり、「有末機関」としてその名を知られた有末精三は、一九七六年、八一歳のとき、自著『有末機関長の手記』（芙蓉書房）にこう書き残している。

「少佐の説明の中に、ピカッと光ってドーンという爆発音、いわゆるピカドンという名文句があった。おそらく後世、ピカドンが原子爆弾の代名詞になったその原点かも知れない」

少佐とは、一九四五年八月六日の原爆投下のとき、広島湾に浮ぶ小さな島、向宇品（現・元宇品町）にあった、独立高射砲第二十二大隊本部の大隊長、加藤恒太少佐のことである。

当時、陸軍参謀本部の第二部長だった有末のもとに、広島での爆弾投下の一報が伝えられたのは、八月六日の午後おそくになってからだった。

翌七日、午後二時過ぎに立川飛行場の滑走路を離れた飛行機は、午後五時半過ぎに広島上空に到達する。

そのときの上空からの様子を、有末はこう記す。

「全市は一軒の家屋も見えず一面の焼野ヶ原、黒く焦げた枯木が一本、二、三の枯枝を支えて淋しげに立っているのが妙に印象に残った」

そして、地上に降り、加藤少佐の報告で「ピカドン」を耳に留めたのだった。

有末は、当時の率直な印象を遺している。

「二十数万の広島市が、一言で尽せば全滅といった驚くべき特種爆弾の威力に驚いた」

とはいえ、陸軍が原子爆弾投下を確認するまでに、実にまる二日を費やしていたのだ。もとより当の陸軍の情報収集でさえその進度だから、政府による救援活動など当てにすべくもなかった。地上の民たちは、地獄絵図さながらの街を彷徨《さまよ》っていた。

一九三一年生まれの折見眞人もその一人だ。旧制高等小学校二年生のとき、原爆に遭遇した。学徒動員で、当時、川口町（現・舟入川口町）にあった、通称「二七五六工場」で働いていたときだった。そこはゴム工場で、潜水艦内部の部品などを造っていたという。

「瞬間、ものすごい音と爆風で……会社のボイラーが爆発したんだと思ったんです。それまで、空襲用に、両手で目を覆って、親指で両耳を塞ぐ練習をしていたんですが、それをする余裕もありませんでした。私の机は西を向いていたんですが、たしか、右のほうからドーンときたように思います。その影響で今でも、話しとっても、たまに自分の声が頭のなかに入ってくるんです」

原爆で耳をやられて以来、声が自分のなかに籠もって聞こえてしまうのだと、折見は嘆くのだった。

折見は晩年、その二七五六工場があった被爆地にほど近い、舟入幸町の「舟入むつみ園」で暮らすことになった。同園は、一九七〇年四月、全国で初めて、被爆者を受け入れる〝原爆養護ホーム〟として開設された。入居資格には、被爆者健康手帳が必要だ。

「つらい思いがわかるなんて嘘よ。なんぼ経験しとっても、担当医だって、わからんもの。ほかのひとがわかるはずがない」

折見の実家は、広島湾に注ぎ込む、ふたつの川に挟まれた、舟入中町にあった。被爆した工場は、一町を隔てた場所にあり、実家には近かった。

「爆発の後、どれくらいだったか、意識を失っていたんです。それを、当時、一緒に働いていた女学校の女生徒が、折見君が倒れてるって見つけてくれて……それで気がついて、自分の右足を触ったら驚いたんです。右足のふくらはぎのところですね、触ったら、肉が飛んで、骨を触ってしまったんです」

爆発地点からわずか一・五キロの距離である。工場ではすぐに解散が告げられ、折見は、ともかくも自宅に向かった。

「ところが、ものすごい煙と埃で二メートル先も見えんのですよ。あんたが座っているところからこっちの壁までも見えんのですよ」

折見と私は、むつみ園の一室で向かい合っていた。そのわずかな距離でさえ目が利かない煙で、街は一面、延々、覆われていたのだという。

「それこそ、前のひとの背中にくっついて歩かんと前に進めんし。舟入幸町は、当時は畑のほうが多かったんですが、畑は一メートルくらい下がっているんですね。前が見えんもんだから、そこに落っこちたり、それで、川に落っこちたりしたひともいたでしょうね」

折見の実家は、広島電鉄江波線の線路のすぐ脇にあった。自宅はすでに「ぺっしゃんこに」潰れていた。

「母親は家の外にいたから助かったんですね。おそらく、妹と弟を寝かしつけて、家の外に用足しに出たんでしょうね。妹と弟は下敷きになって燃えてしまっていました。もう白い骨だけ……」

妹の由貴子《ゆきこ》はまだ一歳を迎える前、弟の建三《たつと》は六歳だった。

だが、現実は嘆く余裕さえ与えなかった。広島文理科大学で働いていた父親の安否がわからない。

「たまたま、江波のほうに帰るひとが、あんたのオヤジさん、日赤の病院におるよって教えてくれて。もうそれ聞いて、すぐに……」

まだ一三歳の少年とはいえ、周囲には借りる大人の手などない。皆、我が身の苦しさで精一杯、手一杯であった。

「大八車に焼け残った家財道具を積めるだけ積んでね、すぐに母親と日赤病院に向かったんです。ところが、橋の上が通れんのですよ。みんなが橋に逃げてくるから、通れんのですよ」

折見の目指す「日赤病院（現・広島赤十字・原爆病院）」へは、橋をふたつ渡らなければ辿り着けない。

「住吉橋と明治橋を越えて、ようやく日赤へ着いたんです。ところが、着いても、人が溢れていて、オヤジがどこにいるのか、さっぱりわからないんですよ。そしたら、その人混みのなかで、私とはぐれないように、母親が「まさとー、まさとー」って大きな声で呼んだんですね。オヤジがその声を聞きつけてね……」

不可解な衝動に駆られて親を殺し、子を殺《あや》め、さらには見ず知らずの他人に不条理な刃を突き立てる昨今の狂気じみた時代風潮のなかで、子が親を求め、親が子を求めるという、当たり前にして失われた姿がそこにはあった。

「だから私はよく、訪問してくる若い人たちに言うんですよ。親、兄弟を大切にできん者が、社会に出て何ができるかって」

舟入むつみ園では、平和学習として、年間、多くの児童や生徒を受け入れている。それは広島市内や近隣県だけに限らず、東京、岩手まで全国にわたり、さらには米国からの訪問もある。

語られる以上の状況を詳細に尋ねる私に、「むごすぎて、身内には話せんのよ。他人にだから話せるんですよ」と、洩らしながらも、折見は続けた。

「オヤジは見つかったけれども、肋骨もぜんぶ折れてぺっちゃんこでね、オヤジを大八車になんとか乗せて、家まで連れて帰ろうとするんだけれど、そうっと、そうっと運んでいても、小さな砂粒かなんかを踏んで、ゴリっとするだけで、オヤジが「うー」っと唸るんですよ。でも、なんとか家があった場所まで連れて帰ってね、母親と父親を寝かせるのに、広電の電車の枕木を枕にしてね、寝かせたんですよ」

路面を走る広電は、現在はすでに枕木はなく、線路は地面に埋まっている。だが、当時はまだ道路よりも一段高く、枕木が敷いてあった。家は潰れて、燃えてしまった。父親を連れて帰った直後はそれで凌いでも、いつまでも野宿を続けるわけにもいかない。

一三歳の折見少年は、そこから一・五キロほど上がり、爆心地のすぐそばの小学校に避難することを決めた。

「小学校の校庭には、芋やなんかが埋めてあったのを覚えていたんですよ」

食わねば死す、のだ。

米軍が原爆投下の目印にした相生橋の脇にある小学校（現・本川小）になんとか落ち着くと、今度は、食べ物以上に、蛆《うじ》に悩まされた。

「生きとっても、体中に蛆がわいとったんです。もう、浮浪者以下の生活です。それでも耐えられたのは、みんなが一線上で、同じだから。両親が倒れているというだけで、自分はこれからどうやって生きていこうかと考えると、それだけで足の震えが止まらんのですわ。一三歳ですからね。突然、両親を支えていかなければならないとなったら、怖くて震えるんですよ」

見回せば、辺りの者の体のうえ、爛れた皮膚には無数の蛆がうごめいていた。

「自分の親にだけはそんな思いをさせたくなくて、近所に行って、キュウリとかウリとかを畑から盗んでくるんです。それを切って、包帯の代わりに火傷で爛れた皮膚のうえに覆って、それをまた取り替えたりして、とにかく親にだけは蛆をわかさないようにってね……でも、痛んだんでしょうね。母親はそれを貼ると、痛がって悲鳴を上げるんですよ。でも、こっちはなんとか蛆をわかさないようにって必死だったから……」

そんな辛さのなか……。

「オヤジは呉の出身なんですが、もう呉に帰りたいとよく言ったんです。でも、私は『七〇年草木が生えんでもいいじゃないか。ここで頑張ろうじゃないか』とオヤジに言いましてね」

折見少年は働き始め、材木を集め、もとあった場所に、見事に家を建てたのだった。その後、折見は腕のいい左官職人として生計を立てる一方で、被爆と終戦でそのままになってしまった学業を修了させようと夜学に通い、高校卒業の資格を取る。

母親が他界したのを機に、折見はむつみ園への入所を決めた。

「こういう話は、他人には話すけれども、本当につらいことは、身内には話せないものですよ」

それは、「原爆孤老」の本当の意味を諭された瞬間だった。孤老とは、身寄りを失った人々だけを指す言葉ではなかろう。「語るに耐えない」体験を抱えた人々もまた、深い孤独の淵にあったのだ。

「これまで生きてきたなかで、もっとも幸せだと思ったことはなんですか?」

そう、折見に訊ねた。

「(むつみ園の)隣に、公園があるんです。昼間になると子どもたちが遊ぶんですが、今、毎朝六時に起きた後、その公園を隅から隅までほうきで掃き掃除するんですよ。すると、汗びっしょりになって。……なんか、自分の体を磨くような気がするんですよ」

折見は知っているのだろうか。その公園があった場所ではかつて、数知れぬ遺体が茶毘《だび》に付された。

折見と同じ、やはり一三歳で被爆した男性によれば、それはあまりに残酷な光景だった。

「うちのお袋の妹が原爆で亡くなったんよ。それで、原爆が落ちてから一週間から一〇日ぐらい後か。材木を組んで、その上にまた材木を組んで、そこに油をかけて火をつけるわけ」

正方形に組んだ材木の上に遺体を置き、それが河川敷に、一度に等間隔で七つほどが並んだという。そこには市内で亡くなった被爆者たちの遺体が集められた。石油や重油をかけられて燃え上がる遺体は、黒い煤をいく筋もいく筋も、空へと昇らせた。

それぞれの遺族がじっと、その燃える遺体を見つめていた。

「どれが家族の遺体だか、目を離すとわからなくなるから、組んだ材木の前から、まっすぐに、一五メートルくらい、線を引いたんです。川原の土の上に、石かなんかで線を引っ張って、まっすぐに。燃えるすぐそばにいたいけれども、熱くて寄られんわけよ。だから、まっすぐに線をひっぱって、じいっと見とるわけ」

記憶は、決して色褪せない。

「死体がパカッと起きるんよ。たまげるわ。死体は寝とるわね。それが焼けていくと、関節やなんかの加減やろうね、突然上半身が炎のなかで起き上がるんよ。それで、まるで木の皮を焼くように、パリパリ、パリパリパリって音がしてね。皮膚が焼けて落ちるんよ」

折見が毎朝、汗だくで掃き清めるその公園は、そんな場所だった。

「原爆を受けての自分と、受けなかった自分はどう違ったのか、よく考えます」

孤独に耐え続ける人間のさり気なくも鋭い、あたかも辞世の句であるように響いた。


辞去しようとする間際、折見は漏らした……。

「実は……嘘があってね。弟は白骨で見つかったんではなかったんです。つぶれる家から逃げようとしたんでしょうね。体の上半分が燃えずに残っていた……それを、むごくて、母親には見せられんと、私が火のなかにくべたんです……」

その、一三歳の〝嘘〟を責める言葉は、私にはない。

第二章　犠牲となった女性たち

第五話　チャモロ人となった収容所の少女

アントニエタ・アダは一九三四年、サイパンで生まれた。日本人の両親を持ちながら、現地のチャモロ人夫婦に養子に出されたアダは、米軍による侵攻で捕虜となり、収容所生活を体験する。収容所は、日本占領を睨んだ米軍による統治の実習現場ともなった。収容所内での統治の実際は、体験者からも語られることは少ない。その理由を、アダは自身の体験から説いてみせた。

シスター・アントニエタ・アダは日本語よりも馴染んだ英語で語り始めた。

一九四四年六月、米軍はサイパンへの上陸作戦を開始した。日本軍との攻防の傍らで、サイパンを始めとするマリアナ諸島には日本の民間人が数万人規模で生活していた。米軍は上陸と同時に、キャンプと呼ばれる収容所を設置し、保護した民間人をすべて収容所に隔離した。

一九三四年四月二四日にサイパンで生まれました。シスター（修道女）なので、家族はありません。

父も母も生粋の日本人で、埼玉県出身の父は戦前にサイパンに渡ってきて、ガラパンという街で貿易商を営んでいました。もともとはニシカワと言う苗字でしたが、小さいときに、チャモロ人のアダという家庭に、養子に出されました。日本の名前はキミコと言います。キミは「キミガヨ」のキミ。どういう漢字だったかしら。

戦争が始まったときはたしか、私は小学校の四年生くらいでした。

サイパン島にも、隣のテニアン島にも、日本から若い人たちが来て、サトウキビなど製糖業が盛んでした。いよいよ戦争が激しくなってきて、米軍が攻めてくるようになると、私たちは家族と皆で、ジャングルのなかに逃げて、隠れるようにして生活していました。私は日本人の両親のところに避難していたので、ジャングルには日本人の両親と弟と一緒に逃げました。

米軍に見つかって、ジャングルから出たときは、私は母親と一緒で、日本人の収容所に入れられました。

そこは、サイパン島のススッペ収容所と呼ばれている場所でした。ススッペ収容所は、日本人とチャモロ人、それに沖縄人と韓国人とがそれぞれ分けられていました。

収容所といっても、大きなコンクリートの建物のなかに閉じ込められているわけではなくて、ひとつの村や広場のような場所を鉄条網で囲ったものです。太陽光がさんさんと降り注いで、ともすれば健康的に見えるかもしれませんが、サイパンは日射しが強いですから暑くて……。

とにかく大勢の人がいましたよ。私が収容所に来たときは、上陸から少し時間が経っていました。ジャングルのなかで逃げ続けていましたから。

鉄条網で囲まれた収容所では、寝るのはテントです。布の大きいやつですが、だいたい、家族ごとにテントが分かれていました。家族がたくさんいる家庭には大きなテントが割り当てられていましたが……。

私が養子に行ったアダ家の養父母もその頃、チャモロ人の収容所で無事だったようで、ずいぶんと私のことを探してくれて、私が日本人の収容所にいることがわかったんです。収容所のなかから、私の消息を一生懸命に探してくれたみたいです。ジャングルから収容所に人々が運ばれてくると、子どもらしき姿に目を凝らして、私の姿を探していたようです。

アダの両親が私を見つけた後は、私は日本人の収容所から連れだされて、チャモロ人の収容所へと移りました。驚いたのは、チャモロ人の収容所は日本人の収容所よりもさらに多くの人がいて、もう、混みあっているなんていうものではありませんでした。

おそらくチャモロ人収容所は日本人収容所の二倍はあったでしょう。私は幼稚園の年頃にチャモロ人のアダ家に養子に行ってチャモロ語もできましたので、言葉には困りませんでした。

収容所の食糧は、設置当初は酷かったようですが、後になると、恵まれてきました。食事になると、皆で列をつくって、並んでもらいました。

ご飯とスープとお肉とか、ちゃんとした食べ物でした。もちろん、日本食ではなくてアメリカ向けのものでしたが、レーションと呼ばれて、ひとつにパックされたもののなかに、野菜や肉やご飯が入っていました。食事は、栄養のバランスがとても考えられていました。肉は牛肉だけじゃなくて、鶏肉もありましたし、海老や魚など、種類がいろいろありました。

ただ、収容所はとにかく人が多いので、食事のときはもう、行列が凄かったです。長いなんてもんじゃないほど、長い列ができて、そこに並ぶんです。室内じゃなくて、みんな、外に並ぶから、直射日光が強いので、待っているのは大変でした。食事を配る係も、収容所のなかで、役割が決まって、そういう人たちが交代をしながらやっていました。収容所とはいっても、日々の運営は収容所の人たち自身でやっていたし、自治のように任されている部分があったんですね。

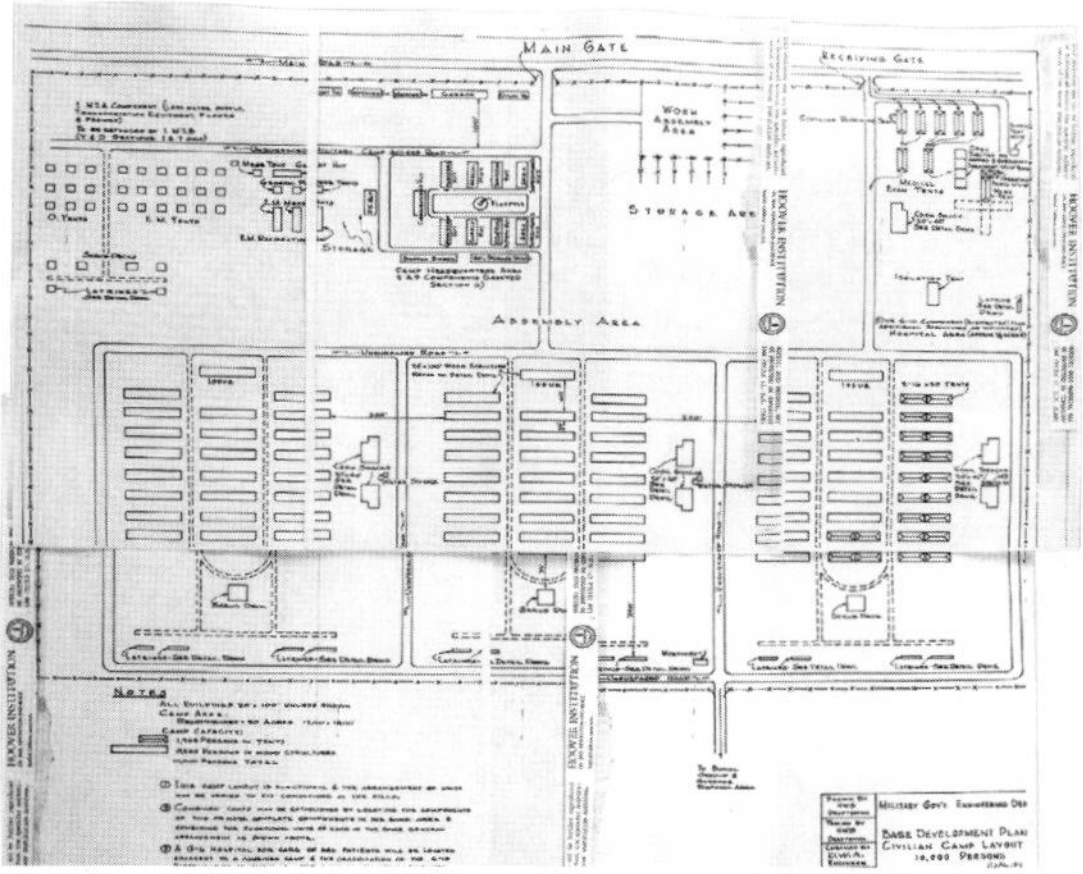

スタンフォード大学に保管されている収容所の設計図

米軍はずいぶんと収容所の人々の栄養に気を遣っていたようなんですが、それでも、ずいぶんと収容所で命を落とす人がいました。栄養失調などだったようです。収容所で亡くなった人たちは、お墓がないんです。まとめて埋葬されたんだと思います。

米軍はサイパンに上陸すると、すぐに、いろいろな宣伝を流したようです。サイパンから、こんなラジオ放送も米本土には流されていたようです。

収容所には何千人という数のチャモロ人、韓国人、そして日本人が生活している。およそ全島人口の五分の一に当たる数だ。

残る五分の四はサイパンの北部に居住し、なお、日本の支配下にある。

我々の爆撃が始まると、人々は山中深くに逃げ込んだが、それは専ら日本軍による過剰な宣伝によるためであった。見つかればアメリカ人に殺されると思い込まされた彼らは何日間も飲まず食わずでいる。

見つけられると彼らは収容所に移動させられ、殺されることなどなく、衣服を与えられ、ケガの治療も施される。

収容所は約六〇〇〇スクエアヤードの広さを持ち、清潔で、椰子の樹などで囲まれている。収容所の人々は家族単位で生活し、大きなテントの下で休み、食堂で食事をし、十二分な飲料水とシャワーもある。

私は、収容所での滞在中、女性から子どもまで、そして老人も、米軍の仕事をするために収容所から出ていくのも目撃した。のちに、チャモロ人もそうした仕事に就いていることを知った。彼らはそうした労働の行き来のトラックで、島の陽気さに誘われるように満面の笑みを絶やさなかった。

女性は子どもたちを水浴びさせ、赤子の世話をし、衣服を洗濯し、食事をつくっていた。

収容所は三つのグループに分かれる。

ひとつはチャモロ人用で、ひとつは韓国人、そしてひとつは日本人用だ。

それぞれのグループにはリーダーがいて、それぞれの現場を監督している。

日本人の収容所では日本人が管理して、チャモロ人の収容所ではチャモロ人が管理していました。そして、沖縄人の収容所では沖縄人がやっていました。

チャモロ人の収容所、日本人の収容所、それに、沖縄人の収容所があったんです。あるとき、同じ日本人なのに、沖縄人の収容所が分かれているのに気づいたんです。鉄条網で分けられているんです。

サイパンにあったススッペ収容所というと、皆、ひとつの大きなまとまった収容所を想像するかもしれませんが、日本人の収容所と、沖縄人の収容所は鉄条網で区切られて、分かれていたんです。

あなたが今朝、行ってきたという、テニアン島にも大きな収容所がありました。サイパン島のススッペ収容所では日本人よりもチャモロ人の収容所のほうが人口も大きかったんですが、テニアンでは日本人の収容所のほうが大きかったんです。

でも、もう何もなかったでしょう。ジャングルだけで。火焔樹がありましたか。そうでしょうね。ススッペの収容所にも広場の真ん中に大きな火焔樹があったんです。真っ赤に燃えるような花が咲く……きれいな……。日本語ではなんと呼びますか。なるほど、南洋桜ですか。

テニアンの収容所には、戦争中、日本人だけで一万五〇〇〇人がいて、ほかに韓国人やチャモロ人もいたんですが圧倒的に少数でした。米軍が占拠したとき、韓国人の数は二〇〇〇人くらい。だから、テニアンの収容所には韓国人もいて、一緒の収容所に入れられたんです。

ススッペ収容所にも韓国の人がいるにはいました。でも、韓国人の数は日本人の人口に比べれば圧倒的に少なくて、ススッペでは、海側に朝鮮人の収容区域を設けていました。収容所の運営と管理は、住宅、食堂、衛生、食糧、福祉、商業など、各部門に分けて行われていました。

テニアンの収容所では、上陸から一年後の一九四五年には日本人は九〇〇〇人ほど、韓国人は二〇〇〇人ほどで、収容所の人口は一万一〇〇〇人ほどでした。その人口を、たった八〇人で管理したようです。

収容所では、子どもの多さが際立っていました。

日本人は、約半数の四二〇〇人を子どもが占めていました。米軍は教育プログラムをつくって、そのなかにボランティア活動などを組み込んで、週に一回、収容所内のトイレ清掃などに従事させていました。子どもたち全員がそうしたボランティア活動に従事できる年齢に達していたわけではないのでしょうが、収容所を運営するためには子どもたちの手も必要となったのでしょうね。女の子どもたちによるガールスカウトも組織されてて、上級学年が下級学年の面倒を見ることも盛んに行われていました。

テニアンの収容所内では、食堂だけで一三もあって、日本人向けの食堂が九つに、韓国人向けの食堂が三つあって、こうした食堂の管理は、収容所のなかで組織されたＰＴＡが行っていました。米軍はそれこそ、どんなところにも、収容所の人々の手を駆り出したのでしょうね。

食堂ごとに班長が一人に調理人が五人、ホールには女性一二人が配置されて、さらに女性三人くらいが果物と野菜の係と、かなり細かく役割と配置が決められていました。

日本人の食堂ひとつで、一〇〇〇人分の食事を提供して、韓国人の食堂ひとつでは八〇〇人、そして、収容所で働くチャモロ人を含めた労働者専用の食堂では三七〇〇人分の食事を提供するように計画されていたようです。

サイパンもテニアンも、上陸直後は米軍が本土から運んできた、野戦用や、民間用のレーションがパックとして配給されていましたが、すぐに、現地での自給自足に切り替えていったようです。農業や漁業もすぐに再開されていました。

ススッペ収容所でも、米軍の上陸から半年を待たずに、食材の現地調達が始まりました。収容所の健康管理で必要なカロリーを摂るための高タンパクの肉類は、生の肉を米本土から運んでくるのは負担が大きかったのでしょう。マリアナ諸島を占拠した米軍は、まだ、日本本土へ、沖縄へと進軍している最中でしたし。サイパンやテニアンではすでに収容所生活が始まっていたとはいえ、まだ戦争中であることに変わりはなかったですから。

見て。あなたが持ってきた、肉を切っているこの写真にも、書かれているでしょう。私は日本語学校に行っていたから、日本語は読めますから。

「一九四四年の一二月からサイパンで捕らえられた牛や豚の新鮮な肉が民間に配給されるようになった。米陸軍所属の獣医の指導の下、屠殺され、病原菌の検査も慎重に行われた。肉は民間人にとって大切な食物であったが、少量しかなかった。これはチャランカノアでチャモロ人が自分達の食糧になる雄牛を処分したときの写真である。米陸軍兵らはチャモロ人が牛を四つに切り分けている様子を見ている。肉は食糧配給所へ運ばれ、さらに細かく切り分けられる。その後、民間へ配られ、そして腐敗する前に料理される。この日は三〇〇〇人の食糧となる二頭の牛が屠殺された」

米軍は、グアムを含めて、サイパンもテニアンも、マリアナ諸島は一つと見做して運営していたんですね。

あなたが、ワシントンの公文書館で見つけてきたこの書類からも、それがわかります。ほら、この調査報告書を見てみて。

一九四四年一〇月一五日から二一日にかけて、このグアム、サイパン、テニアン三島の調査を実施してますよね。

人口の比較から労働役務に支払われた賃金の支出状況、そして、農畜産物の生産状況まで、グアム、サイパン、テニアンをそれぞれ図にして、整理してますよね。

これを見ると、グアムがもっとも豊かで、その次がサイパン、テニアンになってますね。この報告書のなかでも、畜産については詳しく書かれていますね。

若き日のアダ（左）

牛の保有数はグアムが二〇六〇頭なのに対し、サイパンは七一六頭、テニアンは一四五頭ですって。

それにほら、農作物の生産量も。サイパンが二万五一八〇ポンドで、テニアンは四四〇〇ポンドですって。

あっ、ほらっ、ここにもこう書かれてる。

「教育面では、テニアンはとりわけボーイスカウト、ガールスカウトの活動が盛んに行われており、それは日本人だけでなく、韓国人収容者にも適用されていた。日本人と韓国人の男女を併せて二七五七人の少年少女が組織化されている」

収容所の治安に対するクレームは三島併せてゼロですって。確かに、あんまり文句は出ていなかったと思うけど、それはやっぱり食事がきちんとあったからでしょうね。ジャングルから出てきて、ようやく食事があったから。それに、生き残ったことにほっとするのが先で、生活がどうとか、細かいところに目がいかない状況だったですし。

テニアンの収容所では、日刊の新聞まであったんですよ。「テニアン収容所ニュース」っていったかしら。米軍が発行したもので、日本人向けのほかに、韓国人向けがあったんです。このほかに、マリアナ・ウィークリーとかハワイ・タイムズが、収容所の人々向けに送られてきました。ハワイ・タイムズはたしか八ページ建てで、三ページが英語で、残りの五ページは日本語だったわね。

軍関係の仕事では、必ず賃金が支払われていました。すべての労働が強制ではなくて、あくまでも自主的なものであるとして。

あなたが言うように、米軍は復興後に早くから、島の経済を再建することを考えていたのかもしれません。それに、無報酬では強制労働ということになり、国際的な非難を招くと考えたのかもしれません。

それに、ほらっ、この米軍が書いた事例集には、ずいぶんと細かく、収容所での対応が書かれてるわね。

「昨晩以来、収容所から六人の姿が見えなくなってしまった――治安当局に通報し、ただちに捜索を開始するように」

「収容所の人口があまりに増えすぎてしまっている。健康上、および治安上の不安があります。そうした場合は、彼らのうちの一部を収容所外の自宅に帰宅させることができるようにとされていますが、誰がその指示を出すべきでしょうか――これは指揮命令系統の課題である」

「数日前、日本人の子どもがトラックで轢《ひ》かれ死亡しました。収容所内では、これが米兵が運転する車両であったという噂でもちきりで、さらに日本人を狙ってわざと轢き殺したのではないかと囁《ささや》かれています。実際に轢き殺したのは日本人で、我々が尋問のために留置していた人物でした――これは、サイパンで実際に起きた事件である。事故の詳細を把握することに努めた。時間、場所、国籍、そして運転手の名前、彼の尋問の内容など。それを収容所内の新聞に載せることで、騒ぎは沈静化した」

「昨日、もうこれ以上、収容所の受け入れをしないようにと指示を受けました。しかし、新たに一〇〇人の男女と子どもが現れました。どうすればいいでしょうか――一〇〇人を、収容所の外に座らせておく。担当者に連絡し、指示を仰ぐ。おそらく担当者は、近隣の収容所に入れるようにとの指示を出すだろう」

米軍はずいぶんしっかりと、研究していたんですね。アメリカの対応はいつも一貫していました。絶対に現場での裁量によって勝手な判断はさせないんですね。わからない事態に直面した場合には徹底して上官の指示を受けさせるんですね。勝手な裁量が、現場では大きな混乱をもたらす可能性がありますからね、なるほどね。

ほら、賃金水準をめぐって同じ職種に賃金の差があるとの噂が収容所内で広まった場合にはどうするか、ですって。現場では絶対に対応しないで、必ず上官に報告し、その指示を求めることですって。

知らなかったけど、あなたが言うように、テニアンやサイパンではこうしたシミュレーションをさせるだけじゃなくて、米軍は実地での訓練に次々と本土から担当者を送り込んでいたのね。一万人単位で日本人を収容したんだから、その後の沖縄での収容所の運営には、サイパンやテニアンなどマリアナ諸島が実地訓練の場所になったのかもしれないわね。

そう考えると、その頃は、日本人と沖縄人の収容所が分けられているのを、私もまだ小さかったからどうしてなのかはわからなかったけど。お互いに嫌いで仲が悪いからなのか

アダが晩年を過ごしたサイパンの施設

など、子ども心に思ってたけど……。

あなたが言うように、沖縄に上陸するために、あえて沖縄の人たちを選り分けて、いろいろと情報をとるための準備をしていたのかもしれないわね。

……これ読んでみて。収容所に入っていたある少女の文章なんだけど。

「ススッペ収容所は、砂の上にテントが張ってあるだけの最悪のところでした。そこに着いてから私は、日本人の母を一度しか見ることができませんでした。母はとても弱っていて、まもなく亡くなりました。私は女の子だったのでチャモロ人の家族と一緒に居ることができました……。チャモロ人とカロリン人は、有刺鉄線が張られた収容所のテントや掘っ立て小屋で困難な状況に耐えながら二年間も過ごしたのです。サイパン島は、太平洋戦において米軍が何千人もの民間人に食事を与えたり避難所を提供したりしたはじめての場所です。侵略前準備が不十分であったため物資はいつも不足していました……」

……書いたのはあたしなんですよ……。

ジャングルから一緒に出てきた母は、収容所のなかで亡くなりました。戦争が終わって、収容所のなかに入って、やっと助かったと思ったのに、やっと終わったのに、収容所で亡くなっちゃったんです……。それまで、ジャングルで御飯も食べずに何日も何日も歩いて逃げ続けていたんで、それででしょうね。

だから……あなたがワシントンの公文書館から持ってきたこの英語の手紙、理解できるわ……。

イクノは、奥さんでしょうね。米軍が上陸する直前に日本に帰ったり、疎開する人がいたから。御主人は奥さんのイクノと子どもだけを日本に送り帰して、自分は残ったんでしょうね。

イクノへ

すべて大丈夫だと信じてます。南洋から大島への長い道のり、無事であったと信じてます。こんな状況になって、君をこんな目に遭わせてしまったことを申し訳なく思っています。僕はいつ戻れるか、まだ見当がつきません。だからそれまで、なんとか心身ともに健康で僕を待っていてください。今僕は、米軍の保護のもとで、多少は自由な生活を送っています。だから心配しないで。六月一一日に攻撃は始まって、二四日に米軍は上陸してきました。僕は八月八日に捕まって、一万人近くの人々と同じ場所にいます。すべての詳細を書くことはできません。人々は生きるために野菜を育て、働いて賃金ももらっています。でも、毎日の食事は米軍からきちんともらっていますので、心配はありません。

ヒオキ・エイシ

家族に無事を知らせたい一心で収容所から出したんでしょうね。米軍の検閲を受けたから、英訳されて、公文書館に残っていたのね。

この人は収容所を出て、無事に日本に帰ったのかしら。戦争が終わって、日本人も、沖縄人も、船でみんな帰っていったのよ。

あなたが最初に私に話した、沖縄で生き残った人たちが、沖縄での収容所での体験を、ほとんど子どもにも孫にも語ることなく、ときに記憶がないように装ってみせるのはなぜだろうかっていう疑問だけど。

収容所に入ったことを恥ずかしいことだと思っているんじゃないかしら。それを、どう説明していいかわからないのよ。もちろん、収容所に入ったことは誰の責任でもないわ。でも、自分の責任じゃないからこそ、語れないのよ。人間は、自分で説明できない状況に陥ると、語る言葉が見つけられないものよ。そういうものじゃないかしら。自分の責任じゃないから……だからこそ、語れないのではないかしら。

あたしも戦争がなければ修道女にはなっていなかったわね。

それにね、最初は収容所のことを語るたびに涙が出たわ。でも、今はもう慣れてしまったから。

第六話　アマゾンに渡った「我が娘」

東京・立川は戦後、飛行場が接収され、米兵の町となった。その町で生まれ育った加藤聡子（仮名）は、終戦直後に友人を襲った悲話を明かした。米軍基地があった場所では戦災孤児とは別に、外見からわかる「混血児」が生まれることがあった。戦後、引き取り手のない子どもたちを育てたのが、澤田美喜が尽力した「エリザベス・サンダース・ホーム」である。「友人が産んだ女児」はその後、思わぬ運命を辿っていく。それは、聡子自身の身を焦がす体験でもあった。

「立川の飛行場の前にも、夕方になると、ずらーっとね、パンパンが立ち並んでてね」

「パンパン・ガール」――進駐軍の兵士らを相手にしていた街娼を指す呼び名である。

東京郊外・調布飛行場の話を訊ねると、まもなく九〇歳を迎えるという加藤聡子は、唐突に、そんな話を切り出した。

聡子と出会ったのは、国分寺を起点に調布を抜けて多摩川へと注ぐ、小さな川が流れる野川公園のベンチだった。かつて米軍のゴルフ場だった公園の由来をめぐる話題は、隣接する調布飛行場へと移り、そして立川飛行場へと飛んだ。

立川飛行場のそばの出身だという聡子は、現在は調布飛行場のそばで暮らし、毎日、野川公園で散歩をするのが日課だと語った。

体験を語る加藤聡子

基地の町にたむろするパンパンの話から転じて、聡子は孤児の話を始めた。空襲を受けた立川にも、戦後、孤児が溢れたという。

「何人も引き取ってね、それで助成金だけ、手当てだけもらって……。あとは、子どもは放っておくばかりでね。自分たちのためにだけお金を使って生活しちゃってね。だから、里親として引き取ってるのに、子どもは孤児と変わらない生活をしている子が、立川にはいっぱいいましたよ」

戦後日本で、孤児の話は珍しくない。戦災で両親や身寄りを失った戦災孤児は多かった。

政府は、こうした孤児に里親をと、終戦から二年後の昭和二二年（一九四七）に進駐軍の指導のもと「里親制度」を始め、孤児を引き取った家庭には育児助成金を付与した。だが、制度による救済の網から取り残されてしまう孤児もいた。外見からはっきりと区別されてしまう混血児たちである。


聡子は、友人A子の身に起きたあるできごとが忘れられないと言った。聡子とA子はともに東京・立川の生まれで幼馴染だった。

現在の立川駅周辺は大規模な都市開発と区画整理が進み、聡子が産まれた実家も、嫁いだ先の商店街も、道路を含めて跡形もない。巨大な電気量販店やビルが建ち並ぶ光景に移り変わっている。

立川駅から間近の柴崎が、二人が生まれ育った町だった。A子は、ある事件に巻き込まれた後、調布市に移り住んだが、そこの地名も柴崎だった。

「育ったところとたまたま同じ名前の駅があって、それでそこに住むことに決めたんだって」

現在、聡子が余生を送るのも、東京・調布である。

A子は、立川で草履や傘などを売る家に嫁いだ。戦中から戦後、出征した夫の母親と二人で店を切り盛りしていた。

店の目の前の道路は、飛行場にいくためだろう、「ジーアイと呼んでいたアメリカの兵隊さんが、ジープに乗って行ったり来たりしていた」。

戦前から立川は軍需産業の町でもあった。飛行場のそばには、飛行機用の計器や部品を造る企業や工場が多く、軍関係の匂いには馴染みがあった。

しかし、進駐軍兵士の雰囲気は、やはり日本の軍関係者とは異なっていた。

「やっぱり、向こうさんは戦勝国民だから」

ジープの上から、道ゆく日本人に声をかける進駐軍兵士らは、居丈高であり、自信に満ちているようにも映った。

進駐軍兵士は、地元住民との間で多くの問題を引き起こした。なかでも表立って語られなかったのが、数多くの強姦事件である。

「米兵に出会ったらすぐに奥に入れ、という年寄りも多かったけど、あたしはそんな怖い目に遭ったこともなかったし、それに、大勢の人がいるところならば大丈夫だとも思ってたから。A子さんもきっと人の前ならば大丈夫だと思っていたんでしょう」

夕方、店じまいの支度をしていたA子は、背中越しにいきなり抱きかかえられ、ジープに乗せられて多摩川の河川敷に連れていかれた。

聡子は、A子から打ち明けられた。

「もう、あんなときはね、なにがなんだかわからないもんで。殺されるのかっていう恐怖だけでね。しかも、身体が大きいから、何をどうしたって逃げられない」

店まで連れ戻されたA子は、そこから、ようやく家にたどり着いた。姑は、その姿を見て、すべてを悟ったようだったが、何も言わなかった。

「身体中が泥だらけだったらしいから、顔を見てわかったんでしょうね。なーんにも訊かないし、言わないし。ただ、だまーっているだけなんだって。その頃、そういうのは、それこそいっぱいあったのよ。みんな、口には出さないけれど、連れてかれちゃうのはいっぱいあった。陰では、誰々がやられたらしい、なんて伝わってくることがあったけど、あまりにそんな話が多すぎて……」

本人と姑だけの秘密で終わる話であったかもしれない。だが、そうはならなかった。

「できちゃったのよ。だんだん、お腹が大きくなってきて、で、亭主もいないでしょ。だから、周りの目が気になって仕方ないでしょう」

A子はお腹が目立ってくる前に、人目につくのを避け、東北地方の親戚宅で産むのだといって立川を離れていった。

子どもは、夫が復員する前に生まれた。黒い肌をした女の子だった。A子は、産まれてすぐの赤ん坊を施設に預けた。

預けた先はエリザベス・サンダース・ホーム（神奈川県大磯町）だった。

エリザベス・サンダース・ホームが設立されたのは、昭和二三年（一九四八）。設立者は、明治三四年（一九〇一）生まれの澤田美喜。三菱財閥の三代目総帥・男爵岩崎久弥の長女である。エリザベス・サンダースは、施設の設立資金を提供したイギリス人女性の名だ。

澤田は昭和五五年に七八歳で世を去るが、ホーム設立から三〇年以上にわたり、多くの混血児を受け入れ、「二〇〇〇人の母」と呼ばれた。

肌の色が異なる混血児に対して、日本社会の偏見は強かった。

1950年頃のエリザベス・サンダース・ホームと子どもたち（ホーム敷地内に掲示されている写真）

「だから、すぐに預けちゃった。それから、夫が復員してきたから、よかったのよ。夫に知られる前に預けなきゃ大変なことになってたわよ。夫の復員後すぐに一家は店を閉めて、調布の柴崎に越しちゃったのよ」

A子の転居後も、聡子との交流は続き、中年になったA子はあるとき、施設に預けた娘と遭遇したこんな話をした。

千鳥ヶ淵のフェヤーモントホテルで女給の仕事をしていたとき、若い、黒人との混血の女の人が働いていた。外国語が少しできたから、ホテルで働いていたんでしょう。親しくなって、いろいろと話をするようになったら、エリザベス・サンダース・ホームの出身だとわかった。生い立ちも立川あたりだと言う。自分の娘だと確信した。どことなく、自分に似ている感じもした。やがて娘はホテルを辞め、ブラジルに行った。混血だから、色は黒かったけど、かわいらしい顔をしていた。

麴町のイギリス大使館などからも至近のフェヤーモントホテルは昭和二六年にオープンした。進駐軍肝いりの外国人向けのホテルでもあり、英会話ができる者が重宝されていた。すでに、フェヤーモントホテルは閉鎖され、跡地には、いまマンションが建っている。おそらく娘は、エリザベス・サンダース・ホームが就労の受け入れ先として準備を進めたブラジルに渡航したのだろう。

昭和三七年（一九六二）、澤田はブラジルのアマゾン川流域で開拓事業に乗り出していた。数度に及ぶ現地での視察や調査を経て、大西洋に面した商港都市のベレンから内陸に入ったトメアスに三二五ヘクタールの土地を確保した。東京ドーム約七〇個が収まる広さである。開拓という名にふさわしく、まさしく未開の森林を切り開くところから、澤田のブラジル事業は始まった。

開拓に従事したのは、ホームで育った澤田の〝子どもたち〟だった。混血と蔑まれ差別される日本国内で、彼らが仕事に就くのは困難だった。徒手空拳での作業となった。自分たちの住宅造りから始め、徐々に農地を広げていく。最初に植えたのはピメンタと呼ばれる「胡椒の木」だった。

澤田は先発隊によって地盤づくりを固めたうえで、徐々にホーム出身者たちのブラジル渡航を段階的に進め、現地での生活を定着させようとしていた。

話の節々で、聡子に、友人A子の消息を婉曲に尋ねた。

だがA子のその後の消息について、聡子は押し黙ったきりだった。

ただ、A子が存命なのかどうかと訊いたときだけは、躊躇なく、「まだ元気でやってるわよ」とはっきりと答えた。私は、

「A子さんも、二〇年近く経って、まさか同じ職場で再会するとは夢にも思わなかったでしょうね。でも、お会いできてよかったでしょうね。一生会えないよりは、わずかの間でも、実の娘の元気そうに成長した姿を見られて、よかったですね。やっぱり、顔立ちははっきりしているんでしょうね、ハーフですと」

そう聡子に言った。

「そうね、二重でね。色はやっぱりちょっと黒いけど、顔はとにかく可愛らしくてね」

聡子は会っているのだ。私は、早く悟るべきだったのかもしれない。あくまでも友人のこととして語った話は、聡子自身の体験であったのかもしれないと。

「ブラジルならば大丈夫だったですかね」

「ブラジルは昔から日系人がいっぱいいるし、日系人の混血もいっぱいいるから心配ないわよ」

澤田が築いたアマゾンの農場は、ブラジル政府の方針で滞在査証の取得が難しくなったため、昭和五〇年に閉鎖された。

ホーム出身者で現地に渡った者の多くは日本に戻ることなく、現地でその後を生きていると伝わる。

第七話　日本人妻、「帰還事業の果て」

一九五九年一二月一四日、当時二一歳だった平島筆子は新潟港から北朝鮮・清津《チョンジン》に向けて出発した。第二次世界大戦後に始まった在日朝鮮人の帰還事業に伴い、朝鮮人の夫とともに北朝鮮で暮らすことになった。二三八世帯・九七五人を乗せた、最初の帰国船の一人となる。日本にはいつでも帰れるという気持ちが渡航を決断させたが、脱北して日本に戻ったのは二〇〇三年。しかし、悲願の帰国から二年後、現地に残してきた子どもを案じ、再び北朝鮮に渡る。ようやく語られた、北朝鮮での壮絶な半生。

主人は、希望していた電器工場で、平壌《ピョンヤン》に着いた翌年の正月明けにはすぐに働き始めました。その工場では変圧器や家電をつくっていたようです。主人の肩書きは技師で、工場ではなかなか就けない偉い立場だったようです。日本で身に付けた技術があったので、その経験が生きて幸いにもそんな役職をもらったようでした。工場ではメーターとかモーターとかもつくっていて、女の人たちが手の先が擦り切れるくらいまでに指を酷使していました。だから、主人がいろいろと考えて、作業が楽になるような装置とか道具を二〇〇個くらいつくったようです。

平壌のキムチェク工業総合大学の横に道があって、そこのそばのアパートに私たちはいました。いいところにいたんです。アパートと電器工場の間は近かったです。自転車で一〇分ぐらいの距離でした。いろんな仕事をいっぱいして、ものすごく待遇もよくしてもらいました。工場は大きかったです。

工場での立場は偉くても、配給は、当時は皆同じでした。階級によって配給の量が異なるということはなく、みな平等に、そして豊富に与えられました。

帰還した年の思い出では、五月一日のメーデーを覚えています。メーデーでは踊ったりしました。日本でいうお祭りのようなものでした。その日は久しぶりに歌ったりしました。みな着飾って、金日成《キムイルソン》広場に集まって騒ぎます。屋台などはありませんが、広場の周辺にお店があるので、そこでいろいろ食べ物を買ったりもできます。日ごろは家のなかにばかりいた私ですが、その日は主人にくっついて外にでました。

お米は、米びつをのぞけばいつも溢れている状況で、平壌を追放されたあとの貧しい生活からは想像もできない豊かさでした。そのときはまだ朝鮮で餓死する人はいませんでした。お米は配給でしたが、あまりおいしくはありませんでした。日本を出るときは、日本はもうすでに普通に白いお米でした。一九六〇年から六五年くらいまでは、なんとか生活もよかったんです。

だけど、街は夜になると暗かったです。夜になると決まって停電です。日本から蛍光灯を持っていったんですけど、ものすごく明るいから、「ああー、こんな明るい球をつけたら、電気はどれくらいかかるのか」って言われました。うちの主人が、「馬鹿なことを言うんじゃない。こっちのほうが電気を食わないんだ。朝鮮もこれからはこういうのを使うようになるんだ」って言っていたこともありました。こういうのをつくって、こういう風にしないといけないんだって、言っていました。

食料は豊富でしたが、テレビや冷蔵庫はありませんでした。まだ平壌に中継所がなかったこともありますが、実はテレビ自体がまだありませんでした。ラジオはありました。でも日本のラジオ放送は聴けませんでした。帰国船で持ち込んだ日本製のラジオは周波数を調整して、日本の放送が聴けないようにしないと使えませんでした。ですから、持っていったラジオで聴けたのは朝鮮の放送だけでした。そんな状況ですから、日本の様子がどうなのかを知ろうにも手段がありませんでした。

平壌での飲み物は、日本と違い、お茶なんかはありません。ただ、味噌汁はありました。具も豆腐を入れたりして。食事そのものは日本の食事に近いものだったので気分は楽でした。

主人が勤めていた電器工場からは給料もでていました。主人は技師でしたから、工場の支配人、いわゆる社長に近い給料をもらっていたようです。平壌での生活をしている間、私はあまり外出はしませんでした。まだ朝鮮語がよくわからなかったからです。でも、ずっと部屋にこもっていたわけではなく、長男を妊娠するまでは主人と同じ工場に勤めていたこともありました。でも、私に電気の知識はありませんでしたから、設計図を写す仕事をもらっていました。一枚の設計図の上に紙をのせて、下の設計図をそのとおりに上の紙に写しました。見たのを写すだけだったので、私にもできました。

通勤するときや外出するときは、日本から持っていった自転車に乗りましたが、北朝鮮の人たちはみな、珍しそうに見ていました。当時、平壌の街には自転車も少なかったですし、主人と一緒に自転車に乗って通勤するときは、ちょっとだけ気分がいいときもありました。自転車で通勤すると、みんなびっくりしていました。女が自転車に乗っていたから驚いたみたいです。女の人はあんまりどころか、ぜんぜん自転車に乗りませんでした。朝は主人と二人で自転車に乗って、職場に行きました。男の人たちが、「日本の女の人がきた」って言って、可愛がってくれました。

足りないものはいっぱいあったし、監視も厳しかったけれど、それでも、平和といえば平和でした。

アパートは国際アパートって言われてソ連、中国、日本人が結構いました。いろんな国籍の人たちや肌の色の違う人たちがいました。

イヤリングや指輪も持っていったんですけど、ソ連の人に、指輪をひとつあげた覚えがあります。そういう宝飾品も、金なんかもあげてしまいました。社会主義では、金を個人が持っていてはいけない。国家に売りなさいということになって、それで本当にわずかのお金で売ってしまいました。お金が目的ではないんですけど、みんながそういうのを持っていないようにしていました。

外国人のアパートには、移民班長という担当者がいました。おそらく、私たち帰還組の生活ぶりや適応の様子を観察する役目もあったのでしょう。

私のアパートの移民班長は、日本の高等学校を卒業した人でした。日本に住んでいたことがあるので日本語はぺらぺらでした。買い物も、常にこの移民班長さんと一緒でなければできなかったのです。生活のすべてが見張られているような感じでした。

主人もなんとなく違和感を、私よりも早くに感じたみたいでした。主人としては、いいところだよと言って連れてきた手前、私にはなかなか思うところを言い辛かったようです。

そのうち、長男を妊娠しました。でもそのときは平壌に産院はなかったのですが、植民地時代の名残でしょうか、日本語ができる先生は何人もいました。平壌の病院で、長男は生まれました。一九六一年の四月二八日でした。主人の喜びようは大変なもので、「いい子が生まれた。きっと朝鮮の水がいいからだ」と、言っていました。

平壌での生活は配給もあり、給料も良かったため、生活は楽でした。主人はお酒を飲みませんし、会社からまっすぐに帰ってきては毎晩毎晩、子どもたちをあやしていました。

主人は釣りが好きで、休みの日には川で鯉を釣ってきて、日本のような鯉こくをつくったりもしました。釣りが好きなのは日本にいたときからでした。日本では一緒に釣りに出かけたりもしましたが、朝鮮では女が男と一緒に釣りにいっているのを見られたら冷ややかな目で見られることがわかったので、朝鮮に来てからは行きませんでした。だから、主人は釣りにはいっつも一人で行っていました。北朝鮮では当時の日本以上に儒教の風習が根強く、まだまだ男尊女卑が当たり前のような時代でした。

毎日はただ働くだけでした。そのときは朝鮮も建設ラッシュだったし。テレビもないし、娯楽なんて何にもありませんでした。

映画は主人と一緒に行ったことがあります。映画は昔の映画です。新作なんかないんです。でも、朝鮮語が不自由だったこともあって、結局、映画もほとんど観にいくことはありませんでした。

本気で「朝鮮語を覚えよう」と思ったのは、やはり長男が言葉を覚え始める年頃になってからでした。私の朝鮮語は子どもと一緒に覚えたようなものです。朝鮮に来てからは、日本人妻は一日に二時間から三時間程度、朝鮮語の学習が義務付けられていました。そのときはそれが別段、不思議でもおかしいとも思いませんでしたが、朝鮮語の先生が各家庭を訪問して教えて回っていました。朝鮮語が不得手とはいえ、当時は私が一番若かったので、日本人妻のなかでは私が一番早く言葉を覚えました。

息子は日本語はまったく話せません。教える気もありませんでした。それに、朝鮮では日本語は使わないほうがいいんです。朝鮮語は主人と子どもに教わったようなものです。

夫婦で日本語を話すときも、部屋のなかで使う程度で、決して外に出ているときは使うことはなかったです。ほかの朝鮮人に日本語を使っているのを聞かれたくはなかったから。聞かれてもいいことはないからです。

一九六四年、二七歳のときに娘を産みました。東京オリンピックの年でした。周りから見れば、うらやましいぐらいの恵まれた家庭だったと思います。長女を生んだあと、うちは模範家庭だということになりました。「子どもをいっぱい育てて、朝鮮語も覚えて偉い」、というのが理由だったと思います。そんな幸せな状況が三年くらい続きました。

その間、主人は選挙で平壌市の代議員に選ばれたりしました。工場の推薦もあったのでしょう。でも代議員にまで選ばれても、結局、労働党の党員にはなれませんでした。

アパートは泥炭だから、一度火が消えたら、おこすのが大変でした。いつまで経っても慣れなくて、朝起きると火が消えていました。

毎日そんなだから、イライラして、主人は本ばっかり読んでいました。「もういやだから、日本に帰る」って言ったら、殴られちゃったこともありました。「もういやだから、ここでは暮らせないから日本に帰る」って言ったら、「もう帰れないんだよ」って主人が言うんです。おかしいなって思いました。だって、三年に一度は日本に帰れるって聞いてたのに、あの子を大きくなったら連れて帰るって言ったら、主人はもう何も言いませんでした。

「本当に日本からこういうところに来てかわいそうだねえ」って言ってくれる朝鮮の労働党の優しくしてくれる人がいました。「日本から連れてきてかわいそうだから、手伝ってあげなきゃだめだよ」って主人に言っていました。そのときにもやっぱり、労働党の人も「帰れない」って言っていました。だけど、子どもがヨチヨチ歩けるようになったら帰れるって思ってたのにだめで、三年が経ち、六年が経ちしていったのです。

どこかに問い合わせをするとか、そういうことは一切できないんです。「白い壁も黒だって言われたら、黒だ」って言わないといけません。最初からそういう国でした。

私の隣の人が、かつて日本で女学校を出たらしいので、日本語がよくできました。一緒に買い物に行ってくれたり、結構、生活が、洋服なんかもよくないし、靴下なんかも日本から持っていったナイロンのものをあげたら、上からははけないから、上には朝鮮の黒い靴下をはくって言っていました。日本から来た人からは、一切、そういうものをもらっちゃいけないって言われているみたいなんです。

監視する人もいました。買い物に行くときはその人を連れていくんです。何が買いたいのって聞かれたら、これとこれって説明し、その人に出して貰うんです。向こうはバラで売ってるから、指を指すと、一キロとか二キロで売ってくれました。自由に朝鮮語をしゃべれるようになるまでは結構、時間がかかりましたが、それでも私が一番早かったようです。ほかの日本人妻たちはみんな三〇歳以上でしたし、私はやっぱり若かったし、息子が生まれたら、息子が話をしないといけないから、息子と一緒に朝鮮語を覚えました。

一九六一年に最初の息子が生まれて、六四年に娘が生まれましたが、それからも、みんな驚くことばっかりでした。生活があまりに違いすぎたからです。食べ物は、妊娠したら、食べたいものは日本の食べ物ばっかり思い出しました。それでも、主人がいたから、なんとか暮らしていけました。主人は考えごとが多かったみたいです。失望したみたいでした。私にはあんまりは言いませんでしたが。

平壌で暮らしている間、主人はだいぶ出世しました。連行される直前は技術的には上の立場にいました。政治的にはだめでした。出身成分が違うということでした。平壌の地区の代議員はやりましたが、日本から来た人もこういう風になるんだっていう、宣伝的なことだったんでしょうね。立場は、いわゆる技師でしたから、わからないことを教えてあげたり、技術的には北朝鮮にいた人よりも、指導をするような立場の方でした。いろんな面で、工場でもいろいろと考えていたようですよ。考えていたことが、たくさんあったみたいです、主人も。あまりにも違いすぎるとかいうことでしょうか。日本では会社ではちゃんと部長さんなど管理職がいて、効率的に進めていくわけですが、北朝鮮の工場では社会主義ということで指導的立場の自分の思うようにはならずに悩んでいたようでした。

でも、職場の話は、家ではあまりしませんでした。帰ってきたら、寝るまで本を読んだり、なにか書いたりしていました。そのころは、支配人の次にお給料をもらっていました。支配人が一二〇円だったので、その次くらいでした。

アパートの家賃はありました。いくらだったかは覚えていませんが。学校や病院もそのころは無料でした。けど、今はなんでもかんでもお金がかかります。

冷麵のおいしいところとかもありますが、その当時は入って食べたことはありません。外国人のためだけの場所です。ソ連やブルガリアやルーマニアの人たちは外国人のお店があって、そこで買い物ができたんだけど、日本人だけはだめでした。日本人は外国人扱いしてくれないんです。それは、日本の大使館がないからという理由でした。その外国人の人たちにお願いして、病気になったときは、薬なんかでも、お願いすると買ってきてくれるんです。外国の店では、ないものはありませんでした。品物はみな、外国から来ているようでした。

それは突然の訪問から始まりました。一九六九年だから、朝鮮に渡ってちょうど一〇年目でした。前夜の夜勤を終えて工場から帰ってきた主人が床につく直前、一二月九日の朝でした。一〇日が主人の誕生日で、その前日のことです。主人が五九歳のときです。家でお祝いしようと、お魚を買ったりして準備していました。朝の一〇時ごろだったでしょうか、「工場から呼ばれている」と工場の関係者だという人が主人を訪ねてきました。そして、ついていった主人はそのまま帰ってきませんでした。

うちの主人は呼びにきた人の顔を知っていたようでした。それで、出ていったようです。詰襟の服を着て、かばんも持たないで、そのまんまで出て行きました。そんなに慌ててもいませんでした。表に自動車が待っていたみたいです。私は直後にアパートのベランダに出て外をのぞいたらもう見えなかったんで、おそらく自動車に乗ったんでしょう。普通は自動車なんてことないですよ。

連絡もないし、誕生日になっても帰ってこないし、いてもたってもいられません。それでずっと起きて待ってて、目も変になっちゃいました。そういうときの気持ちはなんて言っていいのかわかりません。泣いても涙が涸れちゃいました。

主人がいなくなってしまった一九六九年、私は三一歳でした。そのときに生理は止まりました。それから一度も生理は来ていません。

私はすぐに工場を訪ねて安否を尋ねましたが、工場の人は誰もがみな口を揃えて「知らない」と繰り返していました。きっと、工場の責任者たちは主人がどうなったのかを知っていたはずです。ですが、誰もそれを知っているとは言いませんでしたし、教えてもくれませんでした。

あるとき、ほかの日本人妻の人たちが「最近は日本からきた人がいなくなるのが多い」ということを話していました。一九六〇年代の末ごろから思想統制が厳しくなっているようだという話でした。そんな話を聞くと、主人が政治犯として捕まってしまったのかもしれない、とも思い始めたのです。たとえ誰かが主人がスパイだったと言っても、うちの主人はそんな人ではないと信じていました。

主人がいなくなってからほどなくして、歯ぐきから歯が浮き始めたのです。まだすぐには抜けませんでしたが、浮いてグラグラになってしまいました。不安とストレスでこんなことになるのか、と思いました。夜中に風で戸がきしむ音ひとつでも、「あっ、帰ってきたんだ」と思って裸足で外に飛び出す。そんなことを繰り返しました。まさか主人がそれっきり帰ってこないなんて、考えられなかったのです。

あまりに帰ってこないので、ある日私は平壌の国家安全保衛部に、主人の着替えや洗面道具を持っていきました。主人が保衛部にいるという保証はありませんでした。でも、私はもう、いるとしたらここしかないという最後の望みをかけて保衛部を訪れました。「うちの主人がここにいるということを聞いたのですが」と言ってみました。「せめてこの着替えだけでも渡してほしい」と。もし、本当に保衛部に連れて行かれたのなら、彼らがそれを受け取ると思ったのです。

そうしたら、「そういう人はここにはいないけど、もしいても着替えなんかはこちらで用意するから持ってこなくていい」と言われました。保衛部は大きな建物なので、私がもし主人に会えなくても、主人がビルの窓から私に気づくかもしれないと思い、毎日毎日、通いつめました。「窓からでもいい。私に気づいて」。そんな必死の思いでした。

国家安全保衛部のある建物はそれほど高いわけではなく、四階建てくらいの建物でした。真冬のとても寒いなか、通りをはさんだ道路にずっと立ち、建物を見つめていました。建物のなかから主人が私に気づいてくれるのではないか。そんな奇跡を待っていたのです。でも、結局会えませんでした。そして、疲れ、諦めてしまいました。

その後、しばらく経った一九七〇年の五月のはじめに、「両江道《リャンガンド》に引越しをする準備をしろ」と工場の責任者に言われてきました。これもまた本当に突然の出来事でした。私たちは引越しを告げられてから二、三日ですぐに追われるように平壌を出ました。

荷物をまとめて、平壌駅に着いた私たちは驚きました。同じように追放される家族が七〇世帯ほども集まっていたのです。皆同じ、貸切の列車に乗せられました。そのなかで日本人は私一人だったようでした。泣いている人もいました。その列車に乗せられた人たちは皆、同じ両江道に向かいました。

追放された両江道は、中国との国境に近いところでした。本当に北でした。小さな山間の村でしたが、それでも数千人は住んでいたようです。

七軒長屋の、一番端の部屋が新しい家になりました。家といっても六畳の一部屋だけのもので、寝るだけの広さです。平壌での生活とのあまりの差もショックでした。一年の半分は冬と言っても過言ではなく、しかも真冬には零下三〇度を超える極寒の地でした。着ている衣類も、平壌にいるときとは異なります。防寒のためにいろいろと着込まないといけないのですが、村には服を売っているところがありませんでした。自分でつくらなければならず、ふとんから綿を出して、綿入りのズボンや衣類をつくりました。

平壌を出るときに聞いていた通り、ジャガイモが主食でした。

ジャガイモ掘りなどやったことがなかったので、失敗もありました。ある晩、リュックサックにジャガイモをいっぱいに詰めて自宅に帰ってきました。水をつけて皮をむくんですけど、ひとつむいたらジャガイモじゃなかったんです。割れちゃったんです。馬糞だったんです。それをみて、情けなくなっちゃって、涙が出たんです。こんな生活をしなきゃいけないのかなって。色も大きさも似ていたので夕闇のなかでわからなかったのです。「子どもたちに少しでも多くのジャガイモを食べさせてあげたい」との思いで泥だらけになりながら私が集めていたのはジャガイモではなく、凍った馬糞だったのです。「子どもたちが喜ぶ顔を見たかったのに」「ああ、こんなものまで拾ってきてしまった」と、悔しいやら、情ないやら、切なくなりました。

吹雪のときなどはくしゃみをしたら鼻水がすぐにツララのように凍ってしまいます。涙もそうでした。それぐらいの寒さでした。水は井戸から汲みましたが、井戸も深くはなく、水貯めのようなものでした。ですから、冬は薪割りで氷を割って、それを釜でとかして水にしました。

お風呂はありません。たらいで体を拭く程度です。それに、冬場は寒いのでそんなこともできません。まるで原始人の生活です。

部屋の窓にはガラスがなかったので、ビニールを二重にしていました。日本で戦時中、疎開先で松葉を集めてご飯を炊いたことがありました。こちらでは、落ち葉もあれば集めましたが、皆が集めるので、落ち葉でさえ枯渇しているありさまでした。自給自足の生活はこういうものか、と思いました。

それに比べれば平壌の生活は本当によかったと思います。

寂しくなって日本の歌を歌いたいときには川に行って歌いました。水の音にかき消されて周りには聞こえないからです。日本語の歌を歌っているのが聞かれたら大変ですから。美空ひばりの歌が好きでした。「かごの鳥」などは自分の境遇と重ね合わせて、よく歌いました。涙を流しながら洗濯をして、日本の歌を歌いました。

暖房代わりに焚く薪も、一冬にトラック三台分はないとしのげません。冬は木々も枝が落ちてしまうので、薪を集めるためにも、わざわざ木を伐り倒すのです。そのためには許可証をもらわなくてはなりません。山のどこからどこまでならば伐っていいというものでした。牛車もひきました。牛はお金を払えば貸してくれるので、それで何度も何度も木を伐っては薪を積み込んで、山と村を往復しました。

最初の冬は薪を集めることも知らなかったので、木の倒し方も要領がわかりませんでした。ナタを振るっていても木がどこに倒れるかわからないので、村のひとからは「奥さんのそばでは怖くて薪割りができない」と言われました。そんなことを言われると、山のなかで一人、わんわん泣きました。なかには親切な人がいて、「薪がなかったらうちのを持っていっていいよ」と分けてくれました。

村に住んでいる人たちは皆貧しかったので、お互いに励ましあって生きていました。でもなかには私たちを「スパイで追放された家族だ」と言う人もいて辛い目に遭うこともありました。学校でも、子どもたちは喧嘩をすると、そういうことを言われたようです。

犬も殺しましたし、豚も殺して食べました。全部自分ひとりでやりました。両江道では犬も食べる習慣がありました。犬を殺すのも、男のひとに頼むと、終わったあとにお酒を出せといわれるので、自分でやるしかないと思ってやりました。卵が一日に三個ずつ産まれていたら、一〇日でいっぱいになります。鶏も犬もぜんぶ自分で世話をしました。

昼間は亜麻の工場で働きました。亜麻は茹でるんです。お米のわらみたいなのをタンクに入れて、蒸気を入れて腐らせるんです。それから干すんです。蛆もわくし、溶けるんです。すごいにおいです。でも、それで腐ると繊維だけが残って、それを乾かすと綿みたいになるんです。そしてそれをロープみたいにしていました。

日本人は四人いました。日本から来たのって日本語で聞かれたんです。そこで、平壌からきたんですって言ったら、ああそうって言われて、びっくりしました。ここにも日本人がいるんですっていうことを教えてもらいました。それで日本人同士で気心が知れたんで、行ったんです。みんなもう、七〇を過ぎていました。ずっと歳が上でした。日本人妻は東京の人はあまりいませんでした。一人が神戸で、一人が山口、それで東京の目黒にお兄さんがいるっていう人が一人いました。はじめ、同じ日本人がいるよって言われたときは、すっごい懐かしかったです。みんなでなんか食べようよ、とか。でも、そんなには集まれないんです。日本人だけで頻繁に集まっているのを見られたら、まずいんです。でも、みんなだんなさんがいたので、働いていなかったんです。働いていたのは私だけでした。みんな年をとってしまって、今はもう歩けない人もいっぱいいるようでした。

配給以外に日本人妻には一ヵ月に一度、お金が支給されていました。北朝鮮政府が支給しているようでした。朝鮮のお金で一五〇〇円ぐらいです。三、四年前（筆者注・二〇〇〇年頃）からです。以前はもっとお金は少なかったのですが、昨年（〇二年）の七月からは少し上がりました。それまでの支給額は八〇円でした。八〇円では、三人が食べていくのはきつかったです。

町で得たお金では、とうもろこしの粉を買っていました。とうもろこしの粉がお米に代わる主食なのです。とうもろこしの粉は貴重でした。粉にして食べると、調理したときに膨張するので、多少はおなかにたまるのです。それでもっぱら、とうもろこしの粉を買っていました。お米はほとんど手に入らないので、とうもろこしの粉をジャガイモにまぶしたり、混ぜたりしていました。おそらく、どこの村々でも現在はそれが主食でしょう。

配給があっても、最近ではお米はほとんどありませんでした。お米が食べられるのはお正月とか年に一、二度がいいところです。一〇年ぐらい前からお米の配給はほとんどなくなっていました。

鶏は四羽飼っていましたが、一日に三羽が卵を産むときもあるし、卵がまったくないときもありました。でもうちではもったいなくて食べられず、卵をひとつ一二円で、市場に持っていっては売っていました。今は、卵はひとつ一五円くらいで売れます。食糧不足なので、食べ物が値上がりしているのです。八〇円の支給があっても生活は本当に苦しいので、売れそうなものは何でも市場に持っていって売っていました。

だんだん、配給は悪くなっていきました。配給が少ないっていうより、予定通り来ないんです。配給は毎月、一日から一三日までの間の決められた日に、各自受け取りに行くんです。一日の配給日の人もいれば、二日の配給日の人もいます。私は最も早い一日にもらいに行くことになっていました。でも、行くと「まだお米は入っていません」って言われることのほうが多かったですね。結局、いつ入ってくるかわからないので、次の日も、また次の日も、と何日も通っていました。入ったときは、お米屋さんに人々が殺到して大混乱になっていました。配給物資に、男の人が殺到して奪い合いになるんです。一度、襟巻きが群集に巻き込まれて、首が真っ赤になるほど絞められたこともありました。また、明日ぐらいにお米が入ると言われたら、お米屋さんの前で寝て待ちました。そのようにして配給を待つ人は多くて、私は、知り合いに頼んで場所をとってもらったり、並んだり、死に物狂いでした。

そのうち私は、市場で大福を売るようになりました。はじめは、もち米を五〇〇グラムと、小豆とお砂糖、片栗粉を買って、粉にして、朝になったら溶かしてあんこも作って、市場に売りに行きました。昔、葛飾のカメヤさんでやっていたのを思い出してやったんです。それがすごく売れたんです。日本人の作ったおもちはおいしいんだって評判になったんです。それで、一日に家族三人が食べていけるぐらいは稼げるようになりました。

大福以外にも、いろいろつくりました。海苔巻もつくりました。海苔で卵をまいたり。海苔巻は向こうでは、キンパって言います。市場は露店だったので、雨が降ったらだめなんです。三日、四日と、商品を売れなかったら、元金がなくなっちゃうんです。

夏はあんこがすぐに悪くなってしまうんです。小豆も日本と違って砂糖が少ないし、一日置いたらもうだめです。大福は一日に七〇個ぐらい売れました。一個五円で売りました。もち米が一〇〇円くらいします。大体、一個あたり一円くらいしか儲からないんです。だから、急に雨が降り出したら、それを夕飯にして食べたんです。「売れればお金になるのに」と、思いながら。

そんな調子で、食べていくのがやっとです。何らかの理由で大福やタバコが売れないと、食べていけなくなるので、そういうときはセリや薪を売っていました。

北朝鮮の農家では、タバコだけでなく麻薬も作っていました。家から市場へ行く途中にケシの畑がいっぱいありました。治療以外に、野菜の代わりに食べるんです。ほうれん草みたいに食べられるんです。ケシの種は、すごく小さいから、スーって一振り蒔いたら、いっぱい生えすぎるんで、間引きするんです。それを市場で売るんです。そのときは食べても大丈夫です。大きく、花がさいたら毒があるんだそうです。花が咲いたときは綺麗ですよ。あたり一面、菜の花畑ならぬ、ケシ畑です。ケシの茎も大腸炎の薬になるんです。茹でて、煮詰めるんです。その水を飲んだら、下痢がたちどころに治るんです。胃痙攣が起きたときにもすぐにとまります。

お酒も造って飲んだり売ったりしました。とうもろこしの粉でつくるんです。とうもろこしの粉をふかすと、あんこみたいなものになるんです。そこで、とうもろこしの粉をさらに塗って、こうじをつくるんです。そして、あくる日になったら飲むんです。どぶろくのようなお酒でした。釜の上に水をいれたお釜をおいて、下のお釜で火をたいて茹でて、蒸留するんです。できあがったものは、とうもろこしの焼酎になります。お豆腐を売っている店の隣に立っていると、「お酒はあるか」と、聞かれるので、「ここにありますよ」と、お酒を出すんです。

トウモロコシの酒は、アルコールが強いほうがよく売れました。作るのには、蒸留するときにこまめに上のお釜の水を替えたり、手間がかかります。薪もたくさんいるので大変です。お酒も、一度抜き打ちに検査にきて、持っていかれちゃったことがありました。警察が二人ほどきて、帰らないんです。後になって考えると、なにか見返りを待ってたのかなあと思います。そういうときは始末書を書くんです。

なかには商売が大変に上手で、中国相手に商売をしたりして、何百万円も持っている人もいました。そういう人は、いい暮らしをしています。警察や役人に賄賂をあげて、いい生活です。だいたい、警察の家族、党員、役人といった成分のいい人はみんなよく暮らしています。

日本人の奥さんが三人亡くなったんですが、一人は七六歳くらいで亡くなりました。六、七年前のことです。名前は「ムンフデ」っていうんですが、コレラなんでしょうね。昏睡状態になって起き上がれなくなって死んだんです。群馬県出身と言っていました。もう一人は栄養失調でした。その人はあまりにも、色が黒かったんで、朝鮮語でカラスっていう意味のカマギ、カマギって呼ばれていました。その人はもう、八〇歳近くて、日本には親戚がないと言ってました。

その人は、一緒に区役所にお金をもらいにいっているときに倒れてしまったんです。「ここで倒れたらだめよ。日本に行って死なきゃ」と言いたいけど、日本に行くなんて夢物語に思えて励ましの言葉としても言えませんでした。「もう一度立ち上がらなきゃ」と言うのが精一杯でした。周囲の朝鮮の人のなかには、「なんでこんな所で寝てんだ」と言う人もいて、とても口惜しかったです。こちらは、必死で介抱しているのに。

彼女を家まで連れていってあげましたが、それから何日かして亡くなりました。お葬式はみんなで集まって、簡単に済ませました。東向きに寝かせたんです。北朝鮮から見れば、日本は東なんです。だから、東向きに寝かせれば、日本が見えるからということでそうしました。みんな、「日本は東だよ」と、口々に言って涙ぐんでました。

向こうでは、死ぬと日本のようには火葬にしないので、棺おけをつくって、墓に寝かせました。花はそんなにないので、十分に手向けられませんでした。綿が一番早く腐るので、白い綿の下着を着せてあげたら良いと言われましたが、準備できませんでした。ナイロンは腐らないんで良くないんだそうです。

ある日本人妻は、だんなさんが亡くなったんですが、そのだんなの親戚が神戸で大きな土建屋をしているんです。その親戚が北朝鮮に遊びにきたことがありました。来るのにお金を使うんだったら、「そのお金でなにか送ってくれたほうがいいのに」って私は、思っていました。その人は、ホテルも盗聴されているから、庭に出てから話し合ったんだそうです。彼女には、娘と息子が七人いましたが、一人五万円くらいもらえたそうです。北朝鮮では五万円もあれば、一年は暮らせそうです。だからそのうちはすごく裕福でした。

日本に里帰りできた日本人妻もいました。一人は、労働党の図書室で働いていました。もう一人の日本人妻の夫は鉄道局で働いていました。そういう人たちだけが、優先的に行かせてもらえたんです。そういう人たちは現地でも生活に不安はないんです。そういう人たちだけが日本に帰れるんです。里帰りの人たちは、日本に戻る前に一ヵ月くらい平壌に滞在して美味しいものを食べて、栄養をつけ、準備するんです。服や持ち物を良いものにしていくんです。生活もみんないいので、私みたいに歯がない人はいません。朝鮮の恥にはならない人たちです。

私たちは、日本人妻同士集まって「ああ、懐かしいねえ」って日本食を真似てつくったものを食べるんです。

みんな「もう帰れないよ」っていう話をしたかと思えば、「帰れそうだ」っていう話が出たりして、希望をなんとかつないでいたんです。日朝会談で里帰りできるようになるんだろう、という気もしましたけど、「やっぱりだめなのかなあ」「なんとかしてくれないかなあ」と、思っていました。「お願いします。日本に返してください」なんて、言うこともできない状況でした。

私たちは、「騙された」とは言わず、日本人同士で会うと「あっ、馬鹿がきたよ。日本人のくせに朝鮮にきて馬鹿だな」と、お互い言うんです。笑いながら。しょうがないから、冗談みたいな言い方をしながら。少し笑うけど、やっぱりどこかさびしい言い方です。

馬鹿にされたりもしますが、「お前たちよりはもっとましだよ。あたしは日本人だよ」と、自分が日本人であることを強く意識して生きてきました。そういう気持ちがあったので、生きてこられたのかもしれません。

朝起きるとみんな死んでいるような国です。市場にいくと、道端に死体が転がっているんです。餓死です。あんなに死があっけないものなんて、日本で戦争を体験している私にも初めての経験で、驚きました。

いつも気を張っていないと、いつ自分もそういうことになるのかわかりません。だから、熱が出ても、起きていないといけません。一度、臥《ふ》せってしまうと、そのまま寝込んで死んでしまうんです。だから必死です。

自分を支えてこれたのはただひとつの思いです。私は日本人だっていう。ただそれのみでした。

日本人妻がみんな日本に帰りたいというのは、同じ気持ちだと思います。日本のみなさんには、私たちも日本人ということを理解していただきたく思っています。死ぬ前に日本の土を踏みたい。帰れないと思いつつも、そう願っていました。

日本に帰ってきて一〇〇歳まで生きたとしても、帰国してからの生活は北朝鮮で過ごした四三年間よりは短い期間です。北朝鮮での四三年間は本当に忘れることはできません。

大変な親不孝をしたと悔やんでいます。私が北朝鮮に行くときも、両親は反対しました。それを振り切って北朝鮮に渡り、親の死に目にも会えませんでした。北朝鮮に渡る前の私は、生きるのに精一杯で、だいぶ苦労しました。主人には、朝鮮に行けば豊かでいい暮らしができると説得されました。北朝鮮行きを決断させたのは、なによりも、女はやはり結婚したら主人についていくものだ、との思いでした。親は子どものことを考えて諫めたんですが、そのときはなにもわからず主人についていきました。今は後悔しています。日本に帰国したら一番初めにお父さんとお母さんのお墓に行きたいと思っていました。

第三章　語られざる昭和

第八話　地下道の記憶

上野が災禍に見舞われたのは一九四五年だけではない。関東大震災の折でさえ、上野は火の手に囲まれていた。駅舎の脇に立つ上野の山や池が恩賜公園として整備されたのも、関東大震災からの復興計画の一環だった。

そもそも救護の場所として用意されていた上野公園の周りに人が集まってくるのは、それゆえ決して偶然ではないように、少年には思えた。

一二歳で終戦を迎えた少年もむろん、大震災の悲劇は語りつがれるものでしか知りえなかったが、今から振り返れば、自身が受けた傷もまた、悲劇と呼ばれうるものであったのだと、そんな風に思えるのだった。

終戦の年、正雄は日暮里にある開成中学に入学した。荒川に近い、尾久にあった自宅から日暮里までは通うにも近かった。幼い正雄とて、関東一円から俊才が揃う開成中学の名はよくよく心得ていた。だが、正雄にしてみれば、有名中学に通いたいという強い熱望があったわけではなかった。願書を出してしまったら、受かってしまった、そんな軽い気持ちに過ぎなかった。昭和二〇年、日本が敗戦を迎えるその年は、戦中の混乱からか、開成中学創設以来、初めて入学試験がなかった。おそらく定員割れを起こしたためだろうと思われた。願書だけで入学が認められたのだ。そんな希有な事情もあって正雄は晴れて入学を迎えた。

だが、入学して数ヵ月後の八月に終戦を迎えるその年、ほとんど学業らしい記憶もないまま、気づけば正雄は焼け出されて地下道にいた。

上野駅と銀座線とを結ぶ地下道には、戦禍で焼け出された者が老若男女問わずに、溢れていた。そこは三月の大空襲でも地下であったことが幸いし、残っていたのだ。終戦とともに、上野駅の周りには不思議と人が集まって来ていた。上野に行けば、どうこうなるわけでもなかった。

占領軍に命運を握られたまま、しかし、生かされるのか殺されるのか、向かっている時間の先に展望はまったくなかった。おそらく正雄が少年でなく、ものの判別がつく年頃になっていたとしても、それは変わらなかったであろう。ただ、終戦のときに生き残っていた、誰にとっても確かなことはそれぐらいのものだった。

だが、大人たちは不思議と駅を目指した。戦中やせ細った、大人たちの尻を追いかけるように、どこからともなく小さな尻も集まってきた。

そのなかに正雄の友人たちもいた。


暗い地下街は、夏でもひんやりとする。だが、腹が空っぽの身体にとっては、涼しさを超えて寒気を感じてしまう。

正雄もまた、食うに食えなかった。その日一日、一食、あるいは半食、ひとかけらでさえ、なにかにありつければいいほうだったのだ。腹が減り過ぎて意識がもうろうとしながらも、正雄はふらふらと、人賑わいを求めて尾久や東日暮里から始発駅である上野へと流れていた。

子どもや少年たちが大人たちの賑わいとそこからのおこぼれを求めて集まっていたとしても、大人たちがなぜ上野駅を目指したのかはわからなかった。だが、駅が持つ賑わいの記憶が、本能的に生き延びた者たちの足をそこに向かわせたのかもしれなかった。

正雄たち、下町の人間にとって、上野駅は決して嬉しい記憶ばかりではなかった。三月の大空襲での炎の竜巻は、上野駅のほうから、東から風に巻き上げられて襲ってきたのだ。戦中、浅草六区から合羽橋を突き抜けて上野駅までは空襲による延焼を防ぐために強制疎開され、幹線道路のような道が抜けていた。だが、そこで上がった空襲の炎はまたたく間に合流し、空高く巻き上げる火の手は流れる風に行く手を任せて、こちらに向かってきた。火の粉が向かってくる先にはコンクリート造りで炎上を免れた上野駅があった。下町の人間にとって、大空襲はまるで、上野駅から放たれた炎のようにさえ映った。

死んでたまるか、死んでたまるか、焼けてたまるか、焼けてたまるかと呟きながら、正雄は火の手を背に、右に左に、まだ火の手の追い付かない日暮里の街並を川に向かって走っていた。

生き延びたのは知恵ではなく、運でしかなかった。あのとき、上野駅を背にして左へと走った者は生き、右へと走った者は炎に巻かれていった。

そして、左へと流れていった大人たちや少年たちが、小さなコンコースに居た。みな、焼け出された者たちばかりだった。

ふらふらと寒気を覚える地下街に降りると、夏の昼間だというのに、まるでテントのなかのように暗いその地下道で、ただひんやりとかたい壁を背にして、みな、足を投げ出している。寝ているのか、死んでいるのか、わからない。

頸《くび》は力なく下を向き、腕組みをした大人たちは、微動だにしない。大人も子どもも、まるで傷ついて横たわる負傷兵のようだった。ベッドに収まりきらず、皆、地べたに寝そべるしかない。そんな野戦病院さながらの暗い通路を、正雄は彷徨《さまよ》うともなく、足を進めた。座るところがあれば腰を下ろしたかったが、それも許されなかった。横たわりこちらに投げ出された脚の波は途切れることなく、暗い通路の向こうまで、果てしなく続いていた。

薄暗い廊下で、知り合いの顔を無意識に探していたのかもしれない。

不意に、見知った顔が浮かび上がった。

あっと思った正雄は名前が浮かぶ前に、彼の膝をゆすっていた。

「おいっ、おいっ、俺だよ、おいっ」

だが、幾度呼べども目を開かない。

横では復員兵だろうか、それらしき服装の男が帽子を目深にかぶり、じっとしている。

返事はないが、しかし、間違いない顔だった。

ほとんど学生生活らしいものなど送ってはいなかったが、中学に入ってできた数少ない友人の顔は覚えていた。

動かない顔を揺らしても、足を小突いてみても、どうにも反応がない。

振り返れば、身体を揺らす正雄をじっと凝視する者があった。その視線はしかし、正雄が振り向き、目があっても、逸《そ》らすことはなかった。

どれだけ前に目は光を失ったのだろう。開いたままの目の奥は、すでに澱《よど》んでいた。地下道を埋めた倒れた足と身体の間に、自分が潜り込む隙などできようはずもなかった。生きた者よりも、そこで命を落とす者のほうが多かったのだ。

皆、戦禍を生き延びたにもかかわらず、傷ついた末に命を落とすのではなかった。空腹のゆえに餓死したのである。

正雄は身体をゆすっていた友人の手をそっと触った。それは、ひんやりとした地下道の空気よりも冷たく、冷え切った石の床よりも冷たかった。

たしかに数日前までは元気だった。そのときはまだ笑いながら、この地下道ですれ違った。人間が命を落とすのは戦争だけではなく、食う物がないときもなのだ、と思った。餓死に直面したのは、戦争中ではなく、むしろ終戦を迎えてからだったと、正雄は思うのだ。

人々は言う。

終戦と同時に、駅のあるところほうぼうに闇市や闇のマーケットなどが自然にできていって、そこで人々は戦後初めて生き延びたことの喜びや活気を取り戻していったのだと。

だが、そんな言われようは、正雄には納得できない。

友人だけでなく、正雄は妹と弟を、飢餓で失うこととなった。生きること、食うことがどれだけ大事なのか、敗戦直後の上野駅での光景が、正雄の記憶からいっときたりとも、抜け落ちることはなかった。

そのころ、上野の山に限らず、わずかな隙や土地の傾斜さえあれば、その傾斜地を壁にして、トタンや板で裾野をのばしたかのように屋根をつくったバラックが急増していた。外から眺めれば、半ば地面に埋め込まれた半地下のような、いわゆる壕舎《ごうしゃ》である。

上野はとりわけ、この壕舎生活の軒とさえ呼べない、無様で惨めな流れがいくつも筋をつくり、そこをひとたび雨が流れれば、その筋に沿って、いくつもの流れをつくった。

戦中、山形に疎開していた正雄にとって、上野駅は東京の玄関として身近に感じる駅だった。

友人だけでなく、妹と弟を相次いで失った正雄には、なおも兄弟姉妹が残された。

「食わせていかなきゃなんない」

腹を括った正雄は、上野駅を拠点に段ボールの回収に乗り出す。

「運送屋をやったんだよ、上野駅でな」

乗り入れする汽車はしかし、昼間から板で窓が覆われているものが多い。戦中の灯火管制の一環で、列車から明かりが洩れ、敵機に見つかるのを防ぐためだった。

さらには、窓ガラスや座席カバーのないものも多かった。みな、盗られたり、剝がされたりしてしまっている。そうでなくとも、物資に枯渇した戦争末期の惨状がそのまま、列車のなかにも残っている。

見ればひもじさばかりの列車でも、ほどなく溢れんばかりに人々が戻ってきて、客車に入りきらない人間はデッキに溢れ、人々はさらには屋根に上がり、それでもだめならば機関車の炭水車の上にまで登った。

食料を求めて買いだしに向かう人々で駅も列車も溢れかえっていた。乗るか、餓えるか、だった。餓えれば、死ぬのだ。

戦争が終わってなお、死は隣り合わせだった。

上野駅が物流と人の拠点として一気によみがえると同時に、荷を運ぶ運送の手も必要になる。

駅に出入りする者が多ければ、当然、そこを仕切る者もいる。どのようにして有力者となっていくのかは、それは一筋縄ではないところがあるが、そこにも徐々に太い脈と細い脈の違いが、そして成功する者が現れてくるものだ。

運送業とはいえ、段ボールの収集まがいの仕事までひっくるめてやって、正雄は糊口を凌いでいた。

そうこうするうちに、正雄は輪タクを始めることになった。自転車やバイクの後ろに座席をつけて人やものを運ぶのだ。浅草界隈から上野までの一帯で、正雄は、その輪タクを一台、二台と順調に増やしていく。

「おい、まーぼう、ちょっと頼むよ」

昼は上野から浅草観光へと向かう客筋を引き、夕方ともなれば、浅草の花町へと向かう芸妓衆から、吉原で遊ぶ客までを流れに、商売のリズムを摑んでいった。

「まーぼう、ちょっとお願い」

正雄は、芸妓たちばかりでなく、吉原で働く女性たちからの信頼も厚かった。

それには、正雄の血筋も関係していたのかもしれなかった。

正雄の母親は、浅草界隈で芸妓として働いていたのだ。それが産みの親ではなく、育ての親であることを知るのはのちになってからだったが、そうした客相手に営む女性たちと気脈を通じることができるのは、自身の身近にあった存在が関係していなくもなかったのだろう。

上野駅の地下道から旅だった正雄は、いつしか、浅草寺界隈では知らぬ者はいない、輪タクのマー坊となっていた。

それからおよそ一〇年後——。上野署など警察の方面回りをしていた読売新聞記者の本田靖春が、ふとしたきっかけからこの少年を知った。

のちに社会派のノンフィクションをいくつも世に送り出すこの若き日の本田とかつての少年は学年でいえば、同じ学年にあたった。

本田が当時を振り返った『警察《サツ》回り』（ちくま文庫、二〇〇八年）の眼には次のような光景が映っていた。

鈴木正雄の私邸にある吉原コレクション

昭和三十三年の三月限りで赤線の灯が消えて、吉原は生き残りの道を模索する。変動期を迎えたこの古い遊郭の行方を占うのに、私たちにとって何よりの情報源は、国際通りのほうの入り口にある交番の筋向かいでリンタク屋を経営するマーちゃんであった。

（中略）

昭和二十年三月十日の東京大空襲で、三河島にあったマーちゃんの家は丸焼けになり、彼は浅草で芸者をしていた生母のもとへ返された。そのとき初めて知ったのだが、実の母親だとばかり思っていたのは父親の本妻で、彼は世にいう妾の子だったのである。

翌月、マーちゃんは中学に入ったが、戦後間もなく、家具製造業を営んでいた父親が事業不振から茅ヶ崎の川で投身自殺をとげ、彼は新制に切りかわった高校の一年のときから、学業を続けるため、夜になると浅草の三業地で芸者衆を乗せて人力車を引いた。

だが、自分を育ててくれた養母の面倒も見なければならず、大学への進学を断念して、吉原のリンタク屋の運転手に転じた。

当然のことながら、他人に使われているより独り立ちしたほうがはるかに実入りがよい。そこで、昭和三十年に古くからあった飲み屋を買い取って、自分でリンタク屋を開業した。まだ二十二歳のときのことである。

その資金は全額高利貸しから借りたので、金利に追われて一日も休まずに働き続けた。

それから半世紀が過ぎ、そのマー坊は、日本最大手のソープランドチェーンである「角海老」グループを率いる。

第九話　若者が去って「夜這い」なき今

第二次世界大戦後も、日本各地には「夜這《よば》い」の風習が残っていた。夜の訪れを待って、男性が女性宅に向かうものだが、実態や背景が語られることは少ない。インターネット上には、出所不明の伝聞が掲載されてはいるものの、実際にその場に居合わせた証言となると、まず見当たらない。「夜這い」は、ほとんど語り継がれぬままに、人々の記憶から遠ざかりつつある。

兵庫県から山口県まで、中国山地は東西およそ五〇〇キロにわたり、山陰と山陽との狭間に長く横たわっている。南北アルプスのような、峻厳な山脈ではない。どこまでも中低層の里山が地肌を合わせるようにして連なっている。それゆえか、山間部地域はどこまでも奥が深く、現在でもつづら折りの道が延々、川筋に沿って、四方八方に巡る。

吉国保男（取材当時八七歳）が生まれ育った山口県周南市の山中にある金峰《みたけ》は、そんな中国山地の深山幽谷を分け入ったなかにある。中国自動車道や山陽自動車道が整備される前は、岩国と徳山とをつなぐ要衝地でもあった。

つないでいるとはいうものの、最寄りの都市部である岩国からも、距離にして四〇キロ以上を走らなければならない。車一台が通れるのがやっとなほどの細い道を、延々と走っていった深山の山裾に、わずかな家々が点在している。辺りから最後の商店がなくなってからももう年月が経ち、最寄りのコンビニまででさえ、数十キロは行かなければならない。もはや、集落としての体をなしているかどうかさえ怪しい。数え方にもよるが、住人数は一〇人に届くかどうかの、文字通りの限界集落といえよう。

右には急峻な山肌が迫り、左には岩国へと流れゆく錦川へと注ぐ小さな小川が鋭く崖を削る。平地らしきものなどほとんどない地形に、家は張り付くようにして建っている。

夜となれば、現在でも星明かり以外はない。その闇夜の訪れとともに、男たちはあの家、この家へ向かった。

「夜這いは、私らの時分にもやっぱり、そのまま、「よばい」と呼んで、ありました」

金峰でも、夜這いの風習がいつを起源とするのかは判然としない。吉国の記憶では、戦後も永らく、夜這いが活発に行われていたことは間違いないようである。

改めて説明するまでもなく、夜這いとは、男性が女性宅を訪れて婚前交渉に及ぶ一連の作法である。現代でこそ強姦や暴行、状況次第では児童虐待にさえ抵触しかねないこうした行為も、あくまでもひとつの文化、あるいは伝統行事として、各地で定着していた。

「戦後もね、ずっとありました。ただ、私の子どもらが大きくなるころにはさすがに聞かなくなりましたけどね」

夜這いが禁忌へと〝変質〟したわけではなかった。

「私は旧制中学（高等学校）に進学することになったけれども、七〇年代になると、金の卵って呼ばれて、あたりの集落の若い者はみんな、都会に働きに出ていっちゃった」のだ。

「夜這い」を担うのは、当然ながら、青年期に達しようとする若い世代だ。その次世代が、高度経済成長期には働き手として、また稼ぎ手としてことごとく集落から出ていってしまったのだ。「金の卵」と呼びもてはやされた中学卒業者は、いずれも十代前半。まだ半人前の段階で、集落から若者はことごとく去っていった。

「どんな習俗でも、担い手と継承者を欠けば、廃れていってしまう」

夜這いは、中国山地など、特定の地方に固有のものではない。本州各地でも、当然の行為として受け入れられていた。

「村の青年団の恒例行事みたいなもんだった。青年団の寄り合いじゃあ、夜這いの戦果についての話ばっかりでな。一度、大笑いだったのは、娘だと思って布団に入って、気がついたら、狙った娘の母親だったって話でな」（山梨県白州町の経験者）

その目的には、近親婚が繰り返される状況下で、「血を循環させるためとも言われていた」（長野県飯田市の経験者）

夜這いは一人暮らしの女性宅を訪れるものではない。隣の部屋、場合によっては同じ部屋には親兄弟もいれば、祖父母も、川の字のように布団を並べて寝ている。物音ひとつが夜の帳に大きく響く状況下で、トラブルにはならなかったのか。

吉国は断言する。

「トラブルっていうのは、ほとんど聞かなかった。まったくなかったと言っていいでしょう。親もそこはわかっていたから」

現代とは異なる価値観や倫理観に支配されている時代や地域では、こうした作法は、むしろ地域の和を保つことに役立ってもいた。

「この辺りでは、村の祭り（現在は断絶）は八月の終わりですが、祭りの後は、とりわけ夜這いが盛んになります。だから、祭りはそのための顔見せの意味もあって、女性たちは皆、きれいに着飾って来ましたよ」

それは、親も子も了解のうえでの、ある種の見合いのような感覚でもあったという。だが、見合い感覚であるならば、女性の側にも意思があろう。嫌な場合はどうするのだろうか。

「拒否されるということはまずない。ほとんどなかったんじゃないでしょうか」

「それはね、やっぱり男性を拒んだことが噂になるのが嫌だというのが一番大きかったですね。娘本人だけじゃなくて親もそうですよ。娘が嫁げなかったら大変だから」

集落には、和を保つための有形無形の強い同調圧力がある。今日でも地方では、町内会長の立場にあたる「区長」の権限と権威は、都会では想像もできないほどに決定的だ。

戦前や戦中であれば、この区長の差配ひとつで、場合によっては徴兵検査での扱いから、隣組での食料配給にまで差がついた。戦争中は、我が子を徴兵から逃れさせるために、あの手この手での「忌避」の手段が講じられた。手や指を斧でわざわざ切り落としてまでの徴兵忌避の処遇から、実際の徴兵検査での扱いに至るまで、区長の差配は集落での生き方を決定づけた。

この区長を中心としてまとまっている集落では、たとえ家系と血筋が異なっても、「集落一家」として行動せざるをえない。

「夜這いを拒否した女性は、集落と男衆の間で、あの女は拒否した、ということがすぐに知れ渡り」、そのことで娘だけでなく、その一家全体に顰蹙《ひんしゆく》の眼が向けられたのだ。

「夜這いを拒んだことを知られることで、嫁の貰い手が出てこなくなることを、女も考えた」のだ。

集落内、あるいは近隣集落間での婚姻が大勢を占めている文化圏では、夜這いを拒絶することのほうが「不貞」として扱われた。

「親も黙認だし、それを当たり前のこととして受け入れていた」のだ。

夜這いにやってくる男の進入を家族みなが知りつつも、それを追い返すことになれば、それこそ、集落の慣習を乱す行為と受け取られかねず、家系の恥とさえなりかねなかった。

現代では乱交と見られかねない日常の作法のなかで、夜這いを「かける」男も、「受ける」女も、相手を違えつつ、結婚のためのふさわしい相手を探していく機能として働いていたのだろうと、吉国は理解している。

「だから、むしろ女性のほうが積極的だったりもした」

だが、時にはこの夜這いが、人間関係の調和を乱しかねない局面もあった。吉国自身も解決に携わった〝事件〟が勃発したことがある。

山間の土地では、小学校は本校ではなく、分校が設けられていることが多い。金峰も例外ではなかった。

この分校に若い女性教師が赴任してくると、集落は必ず沸くのである。

「街灯なんかないし、月も出てなければ、本当に真っ暗ですよ。思い返せば、私も当時はよくそんな真っ暗ななかを長々と歩けたなというくらいでしたね。懐中電灯なんかも、もちろんないわけだから。目が獣と一緒だったんでしょうね」

赴任してきた女性教師に割り当てられた、宿舎となっている家へと、男たちは闇夜を駆けた。

「男たちも、順番に打ち合わせていて、かち合うことはないわけです」

今日は俺、明日はおまえと、闇夜を女性教師が赴任してくると、あちらの筋、こちらの筋から、夜這いがかけられた。

灯りのない夜道を男たちは夜這いに往来した

「女性教師のほうも、とても積極的でしたよ。今でこそ、女子高生が短いスカートをはいてはしたない、なんて言われていますけど、山登りに行くっていうときでも、女性教師がもう、足が見えるほどのスカートをはいてね。集落の者にアピールして、誘うわけです。それがまた、ふしだらだということでもない」

教員宅に夜ごと、不特定多数の男性が出入りしていることそのものが咎《とが》められることはなかった。

むしろ、と吉国は言う。

「あの人とあの人はできているっていう、そういう噂が集落で立つと困るんです」

不特定多数の異性の出入りではなく、特定のパートナーがいるということになると、集落の和が乱れかねないのだ。

女性は集落全体で「共有」する規範意識が〝常識〟でもあった。とにかく、「誰それとだけできているらしい」という話が浮上すると、吉国ら、集落の顔役は忙しくなった。

「まず、私が分校の校長のところに相談に行きましてね、それから校長のほうでいろいろとまた内々に確認したりして。それで、それ以上、その噂が広まる前に、本校などに掛け合って、速やかにその女性教員を異動させなければいけないんですよ。実際にね、何回かありましたよ」

不特定多数の夜這いを受けていることは問題ではなく、相手が固定することによって、和が乱れるのだ。

「でも、分校ですからね、赴任してくるのは、たいがい、独身の若い女性教員なんですね。そのたびにね、夜は賑わうんですよ」

男たちのほうにも暗黙の了解があったのだろう。今夜は、明日はの輪番がきちんと保たれている間は誰も異を唱える者はいない。しかし、特定の相手とくっつきそうだとなると、ことごとく待ったがかかり、吉国らの出番となった。

「でも、なかにはいましたよ。一緒になって夫婦になった者も」

そういう者は集落では暮らすことはできない。都会に出ていって、夫婦になった。

基本的には来る者拒まず、拒めずの夜這いとはいえ、当然、無秩序ではない。女性からの合図が存在した。

それは、往々にして、畑や道の往来で交わされた。

「畑仕事をしているときに、男に紙を丸めて投げたり、石つぶてを放ったりしてね、女性のほうからの受け入れの合図をするんです」

特定のパートナーへの合図ではない。今夜はあなたが来てもいい、という順番が巡ってきたことを知らせるものである。

携帯電話などない時代である。往来を装ってシグナルを送ることで、他の男とかち合うことのない自然な調和が保たれていた。

しかし、吉国もさすがに直接見ることがなかったのが、避妊だったという。

「これは、男たちにはなかなか伝わってこなかったんですが、聞くところによれば、植物で処理していたみたいですね。ほおずきの実を食べたりね」

夜這いがいかに、婚姻に向かうための前段階であったとしても、妊娠してしまう事態は避けなければならない。そのために、懐胎した女性は、体内作用の強い植物の実を食べることで堕胎したりもしたという。かつての遊女さながらの世界だが、そこまでしても、集落は親も子も夜這いという習慣を文化として維持していたのだ。

しかし、長い経験から不文律が守られていても、悲劇は起きた。

戦争中のことだった。

出征によって、若い男たちは村からことごとく姿を消した。残ったのは娘と母親ばかり。もともと田畑にする耕作地などほとんどない。採集生活が主体の土地では、山地を渡る男手がなくなると、一層の食糧難に陥った。

一方で、そうした集落にも必ず、徴兵検査で不合格になった男は残っていた。戦争中、こうした男によって、時に食料をちらつかせての夜這いが横行した。

数年にわたって、女性ばかりの集落に男が一人居残ることで、当然に悲劇は起きた。

「妊娠してしまった女性が何人かいましてね。そのなかには、堕胎のタイミングを逃したんでしょうね、子どもが生まれてしまったというのも何件かありました。未婚ならばまだしも、夫が出征している間に妻がよその子を産んでしまった、というのもあったんです。

それで、子どもを抱いて、川へ身投げしてしまったなんていうことも、ありました」

吉国と同じ集落に住まう別の古老は、なおも集落で健在の人間を名指しして、こう声を潜めた。

「Aは向こうのBの爺さんのせがれだというのは暗黙の了解。Aの姉貴も、本当のオヤジはBの爺さんだよ。実はAには兄貴がいたんだが、誰も見ないうちにいなくなった。墓もどこにも見当たらないんだ」

集落もまた、そうした血の違えを黙して〝諒解〟しつつ、我が子として育てていく。

吉国は言う。

「でも、人が出ていっちゃったきりなんだから、夜這いもなにも、もう何にもない」

第一〇話　ムラの遺構「おじさ」の運命

日本中部、長野県南部から静岡県までおよそ一二〇キロにわたる赤石山脈は、「南アルプス」として知られている。南アルプスを挟み、西方は長野、東方は山梨に分かれる。東名高速道路と中央自動車道はいずれもこの山脈を大きく迂回するかたちで名古屋へと抜けていく。現代まで山越えの往来を分断してきた南アルプスは、戦後まで永く、性格の異なる二つの「ならわし」を育んできた。長野では「おじさ」、山梨では「かきま」などと囁かれる〝伝統〟は、現在、話題に出すことさえ憚《はばか》られている。

「そんなことを突然、訊かれても、答えられん」

集落一帯を代々見守ってきた寺の住職は、「おじさ」のことを訊ねると、顔をこわばらせ、狼狽を隠さなかった。

長野県南部から静岡県へと下り、太平洋へと注ぐ天竜川沿いの集落では、長男以外の男は「おじさ」、女は「おばさ」と呼ばれてきた。

「でもそれは、いわゆる「おじさん」「おばさん」といった意味ではなくて、おじさは「おじろく」などとも呼ばれたけど、語源は地元の者でもよくわかっていない。生まれたときから次男、三男ではなく、男だったらまとめておじさ、女だったら、みんな、おばさ、だった」（飯田市の地元古老）

かの地では、おじさ、おばさの運命は、生まれ落ちたときに定まってしまう。飯田市で生まれ育ち、長く、天竜川沿いで林業を営んできた前出の古老が解説する。

「昔から、長男が家督を継ぐという話は当然あったんだが、そこでは次男坊、三男坊が家を継げないだけではなくて、長男のために生涯を捧げるというか、長男のために尽くして生涯を終えていくっていうことで、まるで奴隷みたいだって言う人もいた」

冒頭の住職が顔色を変え、言いよどんだのは、おじさ、おばさと呼ばれた者たちが、どのように生き、そして弔われてきたのかを訊ねたときだった。

住職を強く警戒させたのも、無理はない。おじさ、おばさが戦後まで永く続いていた集落やその周辺域では、現在では、どの家に「おじさ」らが存在していたのかさえ、固く口を閉ざしているからだ。

実際に集落を訊ね歩いても「知っているが言いたくない」「どの家かは教えられない」と、一様にそんな返答ばかりである。

しかし戦前、この地方には、おじさ、おばさは溢れていた。決して多くはない集落の戸数のなかで、「この家だけ、あの家だけ、ということはなく、どの家にもたいてい、二、三人のおじさ、おばさがいたものだった」(天竜村古老)のだ。

つまり、おじさを語ることは、自身の家系を語ることにもなりうるこの地では、沈黙を守らざるをえないのだろう。おじさ、おばさの生涯を振り返れば、納得がいく。あくまでも典型的な例と念を押したうえで、古老が、一人のおじさの生涯をなぞらえてみせた。

大正時代に、天竜川沿いの山村のある農家に生まれた男児は次男坊だった。村役場に届けられた戸籍には、現在とは異なり、二男や次男とは記載されず、ただ「おじ」や、時には「厄介」と記された。戸籍を届けるほうも、受け付けるほうにも、それが許された時代であった。

おじさにも、もちろん名前は付けられる。昭和に入り、尋常小学校を終えると、そのまま生まれた家にとどまり、昼間は農作業や雑用、夜は囲炉裏を囲むなどして過ごしていた。

子沢山の時代である。だが、おじさやおばさは、生まれたときから、長男との関係において、決して兄弟姉妹ではない。

「生まれたときから、家のもんであって、家のもんでないっていう、そういう風に扱われていると、人間はそういうもんだって考えるようになるから、別に、反抗するとか、抵抗するとか、そんなことはないんだ。可哀想といえば、今だからそう思うけど、それが当たり前のときには、そういうもんだから。家のもんも、おじさのほうも、納得しているわけよ」

おじさとおばさは長男一家と同居はしているが、食事をするのは、家長である長男や長男家族とは離れた場所である。はたから見れば、使用人や家政婦のような扱いに見えるかもしれない。

おじさが、いわゆる「公」の場所に現れることはまずない。村の祭りなど、公式行事やハレの場に姿を見せることは、暗黙のうちに禁忌とされ、おじさたちもまた、それに抗うことなく了承していた。集落の誰もが、「そこにいる」ことは知りながら、口に出すことはない存在といったほうが正確かもしれない。

生まれ落ちた家で、長男家のためにただひたすらに農作業や雑務をこなす一方で、もとより現金収入の乏しい山村ゆえに、おじさたちに、労働対価としての現金が支払われることはほとんどなかったという。ただ、おじさは、長男家に尽くしている限りにおいて衣食住が保証されていた。おばさも同様である。

戦後、このおじさ、おばさへの学術調査が一度だけ行われたことがある。山村に浸透していたこの習俗を人格面から調べようと、信州大学医学部の精神病理学者らが実地調査を行ったのだ。

一九六四年、『精神医学』誌に発表されたヒアリングの結果は、世間に大きな衝撃を与えた。最低限の衣食住は与えられてきた一方で、人生のほぼすべての時間を長男家に奉仕することのみで終えていた彼らのほとんどは、当然に結婚することもなく、男性や女性としては、「童貞」や「処女」のままで一生を送ったとされている。この論文では、彼らの人格をこう結論づけている。

「長野県の山奥の部落で古来その未文化的社会状勢に応じて人間疎外がやむをえず行なわれ、それは分裂病によく似た人間を形成した」。彼らは同時に、「感情が鈍く、無関心で、無口で人ぎらいで、自発性も少ない」と、学者らはそう指摘した。

だが、おじさやおばさも決して日常の生活を送る限りにおいては悲惨な扱いを受けていたとも言い切れない。総じて無口ではあったが、長男からの指示には極めて忠実であった。そんな献身的な存在は重宝もされたのだろう。

「それぞれの家では、おじさ、おばさを福の神なんて呼んで、できる限りで大事にはしていた」（地元古老）のも一面では真実のようだ。

ただ、最低限の衣食住に不自由がなかったとしても、他者との交流が著しく乏しく、結婚さえ許されない状況では、青年期から壮年期に達したとき、成熟した人間が当然に欲求する「性的衝動」はどのように処理したのだろうか。

これについては、公式記録ともいえる学術調査では、前述のように童貞、処女であったとして結論付けられているが、地元古老は、そこには異を唱える。

「おじさ、おばさの間での交流は盛んだったらしくて、夜になると、あっちからこっちからと忙しく、夜這いに往来していた」ということになる。

ただ、夜這いがそれだけ激しければ、おばさも時に子を宿す。

「子ができたからといっても、おじさとおばさは結婚は許されない。生まれた子は、どちらかの長男家の子として役場には届けが出された」のだ。「長男の子になったって、結局は長男にはもう子どもがあればおじさになるから、おじさの子どもがまたおじさになるっていう、それだけのことになる。おじさに生まれたら、何があってもおじさから抜け出ることはまず無理だった」

また、青年期の体力を持てあましたおじさには、長男の嫁が対応することもあったという。

「長男の嫁がきちんと相手をしてやってね。それについては、長男も了解した上でのことだよ、もちろん。おじさの寝る場所は納屋とか物置だから、さすがに長男のいる横でおじさの夜とぎをしたってことはないはずだよ。そうやって、おじさに不満があっても、うまく慰めてやって働かせたんだな。嫁が身体を与えると、おじさはよく働いたそうだよ。おばさはどうだったかはわかんねえけど、おばさにもそれなりに与えてやったかもしんねえな。そんなこともあっただろう」

おじさの性欲を長男の嫁が定期的に処理すると同時に、集落の公式行事には出られないおじさたちも、まれに集落外に出向くことはあった。

「遊郭なんかに行くと、大変に喜んでいたらしいよ。それだって、年がら年中ということではないから、もう楽しくて一晩中、はめをはずしていたとか聞いたことがあるよ。おじさが集落を出るっていったら、昔は徴兵検査のときぐらいだったらしいけど、その町で初めて女性に触れて、それがもう一生の思い出だったっていうおじさもいたらしいから」

受け止め方によっては奴隷制さながらの醜聞にさえ聞こえかねないが、こうした家族内制度が成立したのには、それなりの事情があったようだ。

かの地での、こうした風習の成立は一六世紀にまで遡るとされる。いずれも山間《やまあい》の斜面地ばかりで田畑の開墾が難しく、分家によって「田分け」ができない土地に定着したとみられている。こうした地域では、分家による「田分け」はもともと少ない収穫高をさらに先細らせる「たわけ」た行為と信じられてきた。明治の始めごろには、二〇〇〇人ほどの人口に対して、およそ二〇〇人ほどのおじさやおばさが存在したとされ、人口比にして一〇％ほどを占めたとみられている。信州大学が調査に訪れた段階は、この風習の終末期にさしかかっていたとみられる。おじさやおばさは、戦後は激減し、わずか数人にまで落ち込んだようだが、高度経済成長前夜まで最後の世代が健在だったことが確認されている。

信州大学が訪れた時期を前後して、ある民間人がこの習俗を知り、その実態を調べようと集落に分け入ったことがあった。水野都沚生《としお》なる人物だ。水野は國學院大學卒業後、戦前に大阪毎日新聞の記者として活躍した。戦後、郷里の飯田に戻ってから地元の高校教諭として勤めた。この水野が天竜川に近い阿南高校に赴任中に、教え子らから様々に話を聞かされたことが、自ら山村に分け入っていくきっかけとなった。

水野は、それがきっかけで、「信州の柳田國男」の異名を持ち、実際に柳田とも交流したとも伝えられる人物だが、一九六〇年代、かなりの老齢に達したおじさやおばさを探し歩いてもいた。

水野はまだ幼少期の息子を連れては、週末や休みとなると、おじさとの接触を求めて山中に分け入った。その水野とともに現地を訪れ、父親の取材の様子を子ども心に傍らで眺めていた息子によれば、おじさたちは、不用意にカメラを向けようものならば、その瞬間にすっと目をそらし、横を向いてしまい、容易にはカメラにも収まらなかったという。露骨に人目を嫌う様子があり、会話の端緒を得るのも難しく、声をかけてもたいてい返答はなく、ひたすら無視されることも少なくなかったという。

水野は丹念に、こうしたおじさのもとを訪れ、生活や気持ちを聞き取ろうとしていたのだが、水野の息子には、忘れられない風景があった。

「福の神とか言われたなんて話もあるけれども、あの墓にはびっくりした」

おじさの数を物語る墓石の数々

おじさ、おばさの弔われている様を目撃した折だったという。

「土饅頭にもなっていない、石がただ、ポツンとおかれた、ただそれだけ。もちろん、家の墓とは別の場所に、ただ石を置いてあるだけで」

水野の息子からその光景を聞いた私は、二年あまり、その記憶を手掛かりに「弔われた場所」を探して歩いた。だが、その折の反応は、ことごとく、冒頭の住職と同様のものであった。

ようやく、水野の息子の記憶通りの場所を見つけ、墓石らしきものを認めたが、そこにはもちろん、墓誌などは一切ない。墓地と呼べばそう見えなくもなく、ただの野原と言われればそうとも見える場所である。ただ、弔いの石の数は確かに、かつてのおじさ、おばさの伝統を裏付けるように、数多く、そここに、置かれていた。

一方、南アルプスを越えた東方の山中には、おじさ、おばさという呼び方を含め、次男坊以下を長男一家のもとに留め置くこうした習俗は、私が踏査した限りでは確認できていない。田分けができないほどの地理環境にあった西方に対して、東方は甲府盆地から八ヶ岳の南麓がつながっている。火山灰特有の土壌や、耕作地としての適性は別にしても、土地そのものの広がりは大きかった。

石だけがおじさの名残を伝える

八ヶ岳南麓から甲府、身延方面の村々は、そもそもが、諏訪地方からの次男、三男によって開墾された集落や、人的な移動・流入が活発だった。天竜川を擁しながらも街道からは外れ、往来が孤立・閉塞していた西方の「かの地」とは状況が異なっている。

長男以外の男女を、一家のなかに労働力として留めおいた南アルプスの西方とは対照的に、東方は開墾に送り出す地理要因に恵まれていたとも言えよう。

だが、おじさの習俗がない一方で、東方の山中には、戦後まで「かきま」なる風習が存在した。

「女が臨月になると産婆と一緒に山のなかにある炭焼き小屋みたいな「うぶや」に入る。生まれると女と産婆は山を下りてくるんだが、たいてい、子どもは死産だった。これを当時は、かきまって呼んだけど、どういう字を書くのか、どういう意味なのかはわからない。ただ、かきまは普通だった」(山梨県のある古老)

生まれた赤子は、集落では「死産」と告げられ、産婆のその言葉に疑問を呈する者はいない。だが、分娩による自然死ではなかった。「ひねり」とも「口減らし」とも言われるものだ。

「当時は子どもが増えすぎるとみんなが食えなくなっちゃうから、人の目の届かない山のなかに籠もって、無事に生まれても、その場でひねっちゃって、死産だったっていうことにしちゃったんだな」

この「かきま」なる風習は、南アルプスの東方に沿うように、山梨から静岡へと下って

かつておじさの習俗が育まれた村の今

いく。

かきまが伝えられる地域には、おじさのような風習は存在せず、また、長男以外をおじさ、おばさ、と呼ぶ習慣も認められないのが興味深い。

前述した水野の息子によれば、おじさ、おばさの風習は、長野県南部の、とりわけ天竜川沿いの谷間の集落に色濃く認められた。

ただ、長男以外の次男以下の男や女を、ひとからげにおじさ、おばさと呼ぶ風習は岐阜を経て、新潟と長野の県境の山中にも一部残っていたとの証言も聞かれる。

だが、天竜川沿いの集落に住むある古老はこんなことを示唆する。

「以前、自分でも気になって調べてみたことがあるんだが、岐阜の山中のある集落には、ここと同じ、おじさ、おばさのやり方がそのまま残っていたところがあった」

南アルプス西方のかの地を始め、おじさの習俗を育んだ土地は、田畑耕作よりも、山仕事を生業とする「木地師《きじし》」らの集落として発展してきたことが特徴だと指摘する古老もいる。古く、山間地に定住した木地師らが、限られた資源を消耗させることなく編み出した家族制度、それが、おじさ、おばさのような形態を生み出し、それが戦後まで残ってきたというものだ。

そうした風習が戦後まで続いてきた背景を執拗に問うと、ある古老は「でもな」と、言葉を遮った。

「隠す以前に、もう当時のことを知っている人間が誰もいなくなってるからな。言い伝えさえ残らなくなってる……」

かつておじさ、おばさがいた地域では現在、役場をあげての必死の移住者誘致策が行われているが、実態は過疎を通り越し、定住域として生き残れないところまで集落としての崩壊は近づいている。

「たぶん、もう無理だから、俺たちが死んだら、放棄しなくちゃなんねえだろう」

そんな言葉を放つ古老の視線の先には、軒はあれども、住人のいなくなった荒れた斜面地がある。そして、そここに、名の刻まれていない石が置かれている。

第四章　埋もれ続けた秘話

第一一話　マッカーサーと日本人密使

あぶり出しの密書

あぶり出された筆跡からは、差出人の名前をはっきりと読み取ることができる。

「周恩来」――。

一九七二年九月二九日に、田中角栄首相との間で「日中国交正常化」を実現させた中国の首相と言えば、記憶は甦るだろう。

手紙は、日本人と、日本名をもつ中国人の名前で始まっている。

〈日本進歩人士笠井重治先生和愛国華僑卜兆鳳（川井龍夫先生）〉

あぶり出しによって浮き上がったのは四七文字。中国語で書かれた文章は、笠井さんと川井さんによる偉大な貢献は価値があり、大変重要で感謝すべきものである、との意味だという。

何に貢献したのかには触れられていないが、この手紙の日付は、日中国交正常化より約一年も前の一九七一年一〇月一日だ。笠井が日本人であることに鑑みれば、冒頭のように日中国交の樹立に一役買った人物なのかもしれないとも想像できる。だが、この文字に浮かんだ笠井重治《じゅうじ》なる人物の痕跡を辿ってみると、話のスケールは日本を超えた広がりを持ってくるのだ。

一九八五年四月――。世に言うバブル経済が始まる年である。

都内・京王井の頭線東松原駅からほど近い住宅地には、いささか物々しい空気が張りつめていた。警視庁本庁幹部から直々の要請を受け、北沢警察署からは警備車両と警護要員が動員され、車列の前方、後方、通過する路地を警察官が固めている。

古くからの閑静な高級住宅地の一角とはいえ、一方通行も多く、路地は車二台がすれ違うのもやっとなほどの狭さである。そこに、一人の外国人を乗せた車列が入ってきた。大きな桜の樹はちょうど満開で、重そうに枝を下げている。風が吹けばピンクの花びらが、降り立った男の頭上に舞っただろう。

狭い路地を警視庁に守られながら進み、車は小さな石造りの門の前に停まった。降り立った人物の名は、マイケル・マンスフィールド。時の駐日米国大使である。

屋敷は大きいが、日本の著名な政治家の門前にあるような、立ち番の警察官がいるわけでもない。

辺りの住人にとっても、気さくな主の姿は知れども、その素姓を知る者はほとんどいない。戦前の一時期、代議士をしていたことを知る者はあったが、しかし、それもすでに半世紀も前の話であった。

著名な政治家が住んでいるわけでもないはずの住宅地に、わざわざ、米国の駐日大使が訪れる理由があるのだろうか。それも、駐日大使自らが直々に弔問に訪れるほどの人物が住んでいたのだろうか。驚いたのは、付近の住人たちだけではなかった。

警護に動員された北沢警察署も驚かされた。

所轄管内に住まう政府関係者については常々、確認し、政界VIPなどが居れば、地域課で把握し、巡回強化などを行っている。だが、駐日大使が訪問するほどのVIPが松原界隈に居ることは掌握していない。

マンスフィールドは、米国民主党の院内総務（日本で言えば自民党三役のひとつ）を経て、一九七七年、時の大統領、ジミー・カーターに駐日大使に任命される。八九年に離日するまでの約一二年間にわたり駐日大使を務めた大物である。

世田谷区松原の小さな路地に降り立ったそのとき、年齢はすでに八〇歳を越えていたが、中曽根政権下の日米の強固な紐帯をつなぐ、日本にとっては最重要ＶＩＰの一人だ。

そのマンスフィールド大使が弔問に駆けつけた屋敷の表札にはこう記されていた。

「笠井」――。

駐日大使のマンスフィールドが訪れたのは、四月一〇日に亡くなった笠井重治の自宅であった。

享年九八の笠井は、付近においては無名の老夫でしかなかったが、駐日大使が個人的な関係を持つほどの人物であったことを、周囲の者たちはこのとき初めて知る。

マンスフィールドがこのときに寄せた弔辞にこそ、この無名の老夫が戦後果たした、米国政府との絆と、そして「役割」をほのかに漂わせていた。

マンスフィールドは家人に厳かに告げた。

「歴史家が、二〇世紀の日米関係の辿った道のりを回顧し、日米関係に影響力を与え、それに献身した人物のリストをつくるとしたら、その上位に笠井重治の名が挙げられるでしょう。

今世紀初頭から、彼は日米両国間の絆を深める中心的な役割を果たしました。そして、我々が今日享受している友好的で緊密な関係は彼が創りあげた遺産にほかなりません。笠井重治のような人物を抜きにしては、今日のような強固な日米関係を想像することは困難でした。

笠井さんと私には、共通の興味や経験がありません。たとえば、二人ともエブラハム・リンカーンに傾倒していました。太平洋をめぐる問題にも熱中していました。さらに、下院議員に議席を持っていました。ただ、私たちには大きな違いがありました。

笠井さんはまれにみる語学の達者な人物であって、彼の英語の能力に対しては多くの賞が与えられていました」

笠井は一九〇七年、米国での学生弁論大会で優勝し、副賞として当時のセオドア・ルーズベルト大統領に謁見する。さらに一三年にはシカゴ大学での最優秀弁論賞を受賞している。そのときの演説のタイトルは「太平洋の優越」であり、笠井はそのスピーチにおいて、太平洋地域の平和促進のための日米共同事業の必要性、を強く説いたのだった。

留学生のための弁論大会ではなく、笠井は米国人の弁論大会において、若くして類まれなスピーチの才能を認められていた。

マンスフィールドは日本滞在中、日本での弁論大会で、米国人がこうしたスピーチの成績を収めた事例を聞いたことがないと言って讃えたのである。

そして、こう続けた。

「卒業後に笠井さんはビジネスや政治の世界で名をなしていったが、彼は日米の友好関係の重要性を忘れることは決してなかった。そして、一九四一年以前の暗い日々においても彼は政治的危機が悪化しないように前にも増して働いたのです。

不幸にも、彼の努力は実を結びませんでしたが……」

太平洋戦争が勃発したことを指していた。

「しかし、戦後、笠井さんは日米の崩れた関係を再構築する人の一人となりました。一九四七年のエブラハム・リンカーンの誕生日に彼は日米文化振興会を設立しました。さらに五〇年には、絶え間ない努力が認められて、彼は戦後初めて民間人として米国を訪問することをGHQから許されました」

笠井は敗戦後、米国から査証を受けて米国を訪問した渡米第一号となる。

「晩年において、彼には次々に賞が与えられました。

一九六六年日本政府は彼に勲二等を与えましたし、七六年のアメリカ建国二〇〇年の折

台湾の要人との接点もあった（左が笠井）

には米国上下両院は日米関係における彼の貢献を表彰しました」

世田谷区松原の路地裏で没した、無名の老夫は、日本ではなく、米国の政界から顕彰された人物であることを知らされ、周囲は驚く。

マンスフィールドはこう締めくくった。

「笠井重治は長い波乱にみちた人生を送りました。彼は単なる歴史の目撃者ではなかった。彼は歴史に参加し、歴史を作りさえしたのである。彼の業績は、両国民に永久に忘れられないだろうし、彼は国際的な良識と相互理解を求めて彼に続いて仕事をしようという人々のモデルとなっている」

一聞しただけでは、いかにも物故者の栄誉を大きく讃える、米国人らしい麗句に満ちているように思えるかもしれない。

実際、娘の道子でさえ、実父の重治が、米国を代表する駐日大使からそれほどの言葉を受けるに値するどのような仕事を果たしていたのか、この時点では知る由もなかった。

マンスフィールド駐日大使が弔問に駆けつけ、「彼は単なる歴史の目撃者ではなかった。彼は歴史に参加し、歴史を作りさえしたのである」と告げた内容が、決して社交辞令でなかったことを知るのは、まだまだ後のことだった。

マンスフィールドの言葉は、一般人に伝えることのできる最大の表現によって言い表された「暗喩」であったことを、のちに重治の日記を見つけて、初めて知る。

笠井重治の生涯

笠井重治が生まれたのは一八八六年（明治一九）七月一四日。富士川沿いの集落である山梨県南巨摩郡西島村一五番地に、笠井兵吉の長男として出生する。

南アルプスの山麓に位置する西島は、富士川に沿って伸びる美しい水の豊かな土地だ。

大きな産業もなく、和紙作りが盛んな質素な村である。兵吉自身も和紙作りに携わっていたようだが、決して裕福ではない生活だったと伝えられている。

重治は幼少より神童ぶりを発揮し、中学進学の年齢に達していなかったにもかかわらず、甲府中学の教諭による願書提出によって甲府中学に進学する。

甲府中学での上級生には、のちに総理大臣となる石橋湛山《たんざん》がいた。

重治の父、兵吉は村でも教育熱心なことで知られ、重治が小学生時代に、東京から取り寄せた歴史書を暗唱させていたほどだった。学問への熱の入れようは見事に奏功し、重治をはじめ、弟三人もすべて甲府中学に進学させている。

甲府中学を卒業した重治は、一九〇三年、富士川の急流を下り、故郷を離れる。太平洋側で東海道線に乗った重治は横浜へと向かい、ワシントン州シアトルを目指したのだ。米国の高校に進学することになったのである。

一九〇四年から〇八年まで、シアトルのブロードウェイ高校に通学し、卒業後にシカゴ大学へと進学。渡米してからの重治は、一般家庭に住み込みで手伝いをしながら通学する、いわゆる「スクールボーイ」としての高校生活を送っていた。

スクールボーイとは聞き慣れないが、住み込みの家政夫のように家事雑務を手伝って学費を稼ぎながら通学する少年たちを指した。現在でこそ聞かなくなったが、第二次世界大戦中まで、米国で暮らしながら通学する貧しい日系人らにとっては、馴染みの響きがあった。

シカゴ大を経てボストン・ハーバード大の大学院に進んだのち、笠井はサンフランシスコにあるパシフィックプレスという日本政府が対外宣伝用に設立した通信社に勤務し、一九一九年（大正八）に帰国する。

同年は、第一次世界大戦が終了し、パリ講和会議が開かれた年に当たる。六月には日本はヴェルサイユ条約に調印し、南太平洋地域の南方利権を掌中に収める。

明治以降の欧化外交の末に、日本が欧米列強を向こうに、勝利の宴に酔っていた時期とも言えるだろう。同時にそれは、第二次世界大戦という敗戦の悲劇に向かう端緒を得た時期と言えるかもしれない。

重治はのち、マンスフィールドが謳うように、戦後の日米関係にとってなくてはならない存在となるのだが、自身がまとうことになる役割と数奇とも言える巡り合わせを、このときはまだ想像もしていなかったに違いない。

日本帰国後の重治の足取りについては後述したいが、重治がその後、表舞台に登場するのは一九二九年（昭和四）のことである。

この年、疑獄事件の混乱とともに議会が解散した東京市の市会議員として、重治は渋沢栄一らの推挙を受けて出馬し、当選する。四二歳だった。

その後、一九三六年には衆議院議員に立候補し、当選する。なお、重治は四六年に行われた戦後最初の衆院選にも出馬し、当選を果たしている。このとき、重治は憲法委員として新憲法発布の議案審議にも加わっている。

見つかった日記

日米関係のために尽力した重治がなぜ、どのように中国と関わることになったのか。その謎を解く手がかりとなる日記が見つかったのは、重治の死後二七年を経た、二〇一二年の夏、東京・世田谷にある笠井家の自宅だった。

日記は、日中国交正常化が実現する前年の一九七一年のもの。くせのある万年筆の文字が、一時期をのぞいてびっしりとページを埋めている。

そのなかで、もっとも多く登場するのが、冒頭で言及した、周恩来からとされる手紙において重治とともに感謝の意を捧げられた「川井君」である。川井龍夫氏については後述するが、ふたりは組んで動いていたのだ。

この年の七月、ニクソン米大統領は敵対関係にあった中国との関係改善を発表し、突然の米中接近は、世界で「ニクソン・ショック」と呼ばれた。こうした潮流の変化を受けて、日中関係もこの夏以降、劇的に動きはじめる。

八月、国交のない中国との民間交流や貿易を通じて日中関係の改善に尽力してきた松村謙三が急逝する。

二六日に築地本願寺で営まれた葬儀では、ある「事件」が起きた。総理の佐藤栄作が参列者たちの面前で、中国人民対外友好協会副会長の王国権氏の前に進みでたのだ。周恩来が送り込んだ特使である。

「たいへん遠いところをおいでいただき、ありがとうございました」

佐藤はそう言って、右手を差し出した。

日中関係の改善を模索しながらも、中国が認めていない台湾と自身のつながりが深いこともあり、それ以上のメッセージは伝えられない。それでも、日本の総理大臣が国交のない中国の要人と初めて握手を交わしたのだ。

重治は同日付の日記にこう記している。

〈松村健（ママ）三葬儀ニ出席シタ。（略）佐藤首相ト王國権トノ握手ヲ見タリ〉

二日後の八月二八日付日記には、こうある。

〈川井君ハ昨夜王国顕（ママ）氏ト懇談シタコトヲ私ニ談シタ。明、日曜日ニ余ヲ来訪スルト王国顕氏ニ談シタ■■（判読不明）〉

当時、政治家や財界関係者らは競って王氏と接触を図ろうとし、そのさまは「王国権旋風」と言われたほどだった。その王氏に、重治の信頼厚い川井が会ったというのだ。しかし、会談の中身については触れられていない。

動きがあわただしくなるのは秋になってからだ。

一一月九日付の記述にはこうある。

〈今日ノ夕刊ニ、美濃部東京都知事ガ北京ニテ保利（注・自民党）幹事長ヨリノ周恩来

氏ニアテタ書簡ノ発表アリ〉

自民党の幹事長名で出され、革新の美濃部東京都知事が中国側に手交したものの、周恩来が受け取りを拒んだことで公に知られるようになった「保利書簡」について、重治は新聞で知ったようだ。

当時、保利書簡の原案をつくったのは元秋田国際大学学長の故・中嶋嶺雄。生前の中嶋は私の取材にこう答えていた。

「ちょうど一ヵ月ほど前、佐藤首相の首席秘書官だった楠田實氏から密かに赤坂東急ホテルに呼びだされて、周恩来総理宛ての書面の内容について意見を聞かせてほしい、と頼まれたんです。佐藤首相はその年のはじめの所信表明演説で、中国との国交正常化に触れていたので、いよいよかと思いました。最終的には、保利さんが手を入れましたが、私が書いたんです」

佐藤首相が水面下で密かに仕掛けた工作について重治は知らなかったようだが、この時期、重治もあわただしく動いていた。

保利書簡が発覚する三日前の一一月六日の日記に、

〈川井君ガ北京ヨリ情報ヲ持チ来ル〉

とあり、次のように記されている。

〈五條件（福田外相へ）

（一）〓日本ト台湾トノ関係　外相ガ北京デ周総理ト会談ノ上処理スル

（二）中国ハヒトツデアリ、台湾ハ中国ノ領土デアル

（三）中日両国ノ和平條約ヲ締結スル〓

（四）中日戦争ヲ終結シテ、国交ヲ恢復スル　賠償ヲ放棄。但シ両国相互ノ損害額ヲ発表スル

（五）中日両国ノ不可侵條約ヲ締結シテ最恵国條約ヲ交換スル〓〉

周恩来がこの時期に、国交正常化のための具体的な条件を示したのだろうか。

「条件の中身もさることながら、（一）は周恩来が福田外相を呼びつけていることになる。

周恩来がこうした文言を盛り込むとは考えにくい」

と、中嶋は分析する。

日記には、重治が直接福田外相に会った際、五条件について次のように述べたと記されている。

〈今之ヲ声明スルノハ考ヘモノト云ウ。ソノ書類ヲ同氏ニ示ス。外相ハ之ヲ受取ル〉

福田外相はこの誘いには乗らなかったが、重治とはかなり近い関係にあったことは確かだ。福田外相は、重治の死後、こう追悼を寄せている。

〈私が笠井さんを相識るようになったのは、私自身が政界入りしてからのことである。（略）政治家たるものには正しいアメリカ認識が絶対必須であると信じたからであり、そのための私の教師は常に笠井先生だったのである〉

また、一一月二八日付の日記には、周恩来宛てとみられる返信内容が記され、福田外相

が示す三条件を重治に代表委譲したと説明したうえで、

〈以上ヲ中国方面ノ完全ノ接受ト同意ヲ待ツテ招聘セラルレバ福田先生ト私ハ北京ニ同赴シテ面会ノ為北京ニ於テ共同声明ヲ発表スル〉

と記されている。

ほかにも、活発な活動が記録されている。

〈周恩来総理宛ノ手紙ノｔｙｐｅヲ頼ミ〉（一一月八日付）

〈夜十一時半　香港ノ川井ト兆鳳君ヨリ電話アリ。ＭＡＣＡＯニ行キ北京ト連絡中ナリ「先生ノ手紙ヲ周恩来総理ガ見テ居テ、先生ニ早ク逢イタイト待ツテ居ル。外相ノ使者トシテ園田前厚生大臣ガ北京ニ行ツタガ先方ハ同氏ヲ受ケ容レナイ。先生ノ来ルノヲ待ツテ居ルトノ事デアリマス」〉（一一月一三日付）

〈岳飛将軍遺筆二本ヲ入レル桐箱／桐箱一八五〇〇円／中国総理周恩来氏へ贈ル〉（一一月一七日付）

だが、中嶋は、たびたび触れられている周恩来との接触については慎重に評価した。

「福田外相はそもそも親台派で、佐藤首相の勇退後も佐藤政権の継承を表明していただけに、周恩来が日中関係改善で福田外相のチャンネルに期待していたとは考えにくいし、聞いたことがありません」

とはいえ、重治が日中国交正常化にむけて動いていたことは確かだろう、とも見る。

「たびたび登場する「川井君」というのは情報屋ではないでしょうか」

当時、香港総領事だった元スイス大使の岡田晃も、情報屋説に同意する。

岡田は北海道で育ち、東亜同文書院・東北帝国大学を卒業した外務省きっての中国通で、一九五五年のバンドン会議の際、周恩来と、日本側代表との秘密会談で通訳を務めた。また、中国中日友好協会の会長で対日工作の責任者だった廖承志とも友人だった。

そのため、佐藤政権下の一九六八年から異例の四年間、香港総領事を務めた。七一年九月には、佐藤首相から直接、特命を受けた。

「君の友人のルートを通じて、僕の意のあるところを中国側に十分説得してもらいたい」

岡田は二〇一二年当時、東京都内の自宅マンションでこう語った。

「中国とは国交がないため、当時は香港が情報収集や中国側との接触の拠点でした。私も、水面下で懸命に水をかく水鳥のように動きましたが、結局は実を結びませんでした」

その過程で、数多くの情報屋から接触をもちかけられ、食事の誘いを断るのに苦労したという。

「中国政府高官からも、「日本側からうるさいほど接触があるのですが、信頼できるでしょうか」と、よく聞かれましたねえ」

たしかに、重治の日記のなかにも、川井へ金を払った記録が残っている。

〈川井君ヨリ十万円ノ[redacted]金ノ要請アリ。金壱万[redacted]トシテ渡シタ〉（一二月二三日）

元朝日新聞政治部記者の冨森《とみのもり》叡児は、生前の重治から川井について直接、聞いたことがある。

「重治は日中ではなく、米中の関係正常化の裏で密使を務めた、と漏らしたことがあったんです」

重治によれば、一九六九年一一月頃、かねてから親交のあった香港在住の華僑から、

「米政権中枢部に届けたい周恩来からの密書があるので協力してほしい」

と頼まれたという。

その人物は戦時中、日本の傀儡政権と言われた汪兆銘政権で「官房長官のようなポスト」にあり、「カワイ・ミチオ」という日本名を持っている、と聞いた。

ミチオとタツオの違いはあるが、おそらく同一人物だろう。

「戦後は香港に逃れたものの、周恩来とのつながりは消えず、華僑として活躍していたそうです」

それが事実となれば、重治の工作はにわかに現実味を帯びてくる。

「しかも、重治は周恩来からの密書を二度託されたというんです。あまりにも大きな話で裏づけもとれなかったので、当時は記事にできませんでした」

と冨森は言う。

その密書とは、第一は「米国が台湾問題を処理すれば、米中関係正常化に応じる」というもので、第二の密書は、台湾問題処理の細かい条件を示したものだったという。

とくに、第二の密書は、ニクソン訪中をめぐる米中の交渉が宙に浮いた一九七一年九月のことという。

「中国側は親米派の笠井さんを通じて、ニクソン政権に近づこうとしたのではないでしょうか」

時期はずれるが、重治の一一月二八日付の日記に、

〈川井君来訪。密書ヲ受ケ取ル〉

という記述がある。

もはや密書について確かめようはないが、重治は福田外相と近かっただけに、その情報は佐藤首相の耳にも入っていた可能性が高い、と冨森は言う。

「でも、落選中の老人の話だし、しかもあまりにもスケールが大きいから、真剣に耳を傾けなかったのでしょうか」

いずれにせよ、重治が歴史の裏舞台で飛び回っていたのは確かだろう。

〈周恩来先生。中日和平友好ハ是則両国ノ九億人民共同願望ナリ。ソノ理想ヲ実現ノ為メ多数人士ガ努力工作中ナリ〉(一一月二八日)

日記に目を通した中嶋はこう語った。

「自分のことではなく、国を思って動いていたという印象を受けますね。純粋な動機だったのでしょう」

発見された日記は一九七一年のもの。日中国交正常化の前年である。

当初、この日記の分析を進めた私は、この日記に記された動向が、この日中国交正常化の前年のものでもあったことから、重治らの動きが「日中交渉の舞台裏」のやりとりではないかと見込み、分析と解釈を進めていた。

しかしその後、この日記について、元朝日新聞の冨森とともに読み込むにつれ、分析の前提は揺らいでくることとなった。

重治が橋を渡そうとしていたのは、「日中」ではなく、「米中」ではなかったか、という仮説がにわかに信ぴょう性を増してきたのだ。

冨森とともに、その背景を紐解くことになるのだが、その前に、冨森は、新聞記者を引退後の晩年、自身が寄せたある一文の存在を思い出すことになる。

冨森がこの一文を記したときにはまだ、この重治の日記の存在は知りえておらず、今回、重治の日記を読み解くなかで、自身の〝見立て〟との整合性に気づかされることとなった。米国にとって重治が「信頼できるパイプ」であったのには、ワケがあった。笠井重治こそは、GHQ、それもマッカーサーが恃《たの》んだ男だったのだ。

マッカーサーとの縁

一九四五年八月一五日――。終戦という「平和」の訪れは、日本国民に「困窮」の始まりを告げた。

ほとんど瓦解したに等しい政府は、占領軍のもとで自主的な機能をも失った。同時に戦時体制という縛られた秩序から解放された日本国民に委ねられたのは、戦中でさえ経験したことのないような食料不足と貧困、そして飢えであった。

占領軍による物資配給は当然のことながら、すべての者の手に十二分に行き渡るには程遠く、希少な配給物資は闇へと流れ、各地に立った闇市ではさらに高騰し、食糧は民衆の手からさらに遠のいた。朝となれば、路上や地下道には、少年か大人かを問わず、息をしない屍《しかばね》があふれた。骸《むくろ》はみな、縁のない者の手によって、土のある路肩へと運ばれ、穴が掘られて埋葬され、盛られた土饅頭が至る所に現れた。

猛り狂った群衆はいよいよ皇居へと向かい、一九四六年五月、「食糧メーデー」は二五万人もの群衆が皇居前広場に押し寄せてピークを迎えた。

魚の大群のように右に左に揺れる波を、〝コーンパイプの司令官〟ダグラス・マッカーサーがじっと眼下に見つめていた。傍らには、ひときわ小柄な日本人が寄り添っていた。明治一九年生まれの重治はこのとき、還暦を目前にした五九歳である。

重治はこの直前、一九四六年二月に行われた戦後初めての総選挙で衆議院議員に当選したばかりであった。マッカーサーは、米国人としてもひときわ大柄で背丈がある。身の丈一六〇センチほどの小柄な重治と並べば、その巨軀はさらに引き立っても見えた。

マッカーサーの目には、かつて陸軍参謀総長時代にワシントンで見た退役軍人らによる待遇改善を求めたデモ、「ボーナス・マーチ」の光景が重なって見えたに違いない。

そのとき、マッカーサーは催涙弾でマーチを蹴散らした。しかし今回は事情は複雑だ。人心が荒廃した敗戦国の民衆に対して同様の措置で応ずれば不測の事態も、という一抹の危惧が脳裏をよぎったに違いない。日本国民にもたらされた民主主義は同時に、「抗議活動の自由」をもたらしたのだ。力で抑え込めば、占領統治の意味を自ら否定しかねない。

民主主義の旗を掲げている以上は、民衆の抗議を暴力で抑え込むことは得策ではない、と、傍らの重治も口にする。

食糧メーデーの翌日、マッカーサーは声明を発表した。

「暴民デモを許さず」――。

同時に輸入小麦の放出を許可し、飢餓根絶に向けた具体策を指示する。

マッカーサーの懸念は一方で、小麦がどこまできちんとルートに乗り、日本人の食卓まで届くのか、という点にあった。

飢えた国民の腹が満たされなければ、いずれ再び暴動の芽は膨らむ。

世情の機微を汲み、把握し、対応する必要があった。重治はマッカーサーからの請託を受けて民衆の間を歩いて回った。

重治は厳かに、マッカーサーへと報告する。

〈小麦放出は、パン屋へのルートに乗ったようだ。小麦を原料とする白いパンがようやくパン屋に並び始めている。白いパンが店頭に並ぶのは終戦後初めてのことで、人々は興奮して列をつくって買い求めている〉

重治の次の話は、マッカーサーをいっそう感激させた。

〈老人や病人は人前でも構うことなく泣きだした〉

パン屋に並んだ人々はついにこうも叫んだというではないか。

「ああ、マッカーサーのパンだ。将軍がくださったんだ。あの方は貧乏人を救ってくださる。パンをくださる征服者だ」

マッカーサーは重治の〝報告〟にいたく感動したのだろう。晩年まで、重治からのこのメモを自身の手元に保管していた。

マッカーサーとの独自のパイプを持つ重治を、戦後、永田町では「CIAのスパイ」と呼び、なかには秘かに恐れる者もあったようだ。

日本がサンフランシスコ平和条約に基づき、主権を回復したのは一九五二年だが、重治はそれより二年も早い五〇年に、日本人として初めて渡米許可を得て渡米している。米国政府との近さは、並の外交官をはるかに凌ぐものがあった。重治は外務省を超えた米国との〝パイプ〟を持っていたのである。

そもそも、マッカーサーからの信任は何を縁とするものだろうか。重治は軍人ではなく、軍役経験もない。そのために戦犯にもならずに、戦後の占領軍に深く食い込むことが許された人物でもある。

マッカーサーとの縁では、マッカーサーの秘書を務めたボナー・フェラーズが大きく関与している。フェラーズは、マッカーサーとともに占領軍の一員として日本に着任した後、天皇を戦犯として追及する国際世論に抗い、日本統治に当たっては天皇制の護持が必要であるとマッカーサーを説いた人物としてのちに知られることになる。

フェラーズが天皇制護持を占領軍内部から唱えた人物として、のちに歴史の表舞台に紹介したのはほかでもない重治である。重治の手元には、フェラーズがマッカーサーに渡したメモが残っている。

メモの日付は「一九四五年十月二日」。昭和天皇がマッカーサーを訪れ、初めての会見が実現したのは九月二七日。メモは会見直後のものだ。

フェラーズからマッカーサーに渡されたメモには次のように書かれていた。

日本国民の天皇に対する態度は一般的に理解されていない。キリスト教徒と異なり、日本人は霊的に交感する神をもたない。天皇は彼らの祖先の美徳を継承する国民的精神の象徴である。天皇は国民的精神の権化であり、悪行を行うことはない。天皇に対する忠誠は絶対的であり、何人も天皇を恐れはしても国民全体は天皇を尊崇している。天皇に対する宗教的愛国心は欧米人には理解はできない。

天皇を一般国民や官僚と同列に見ることは冒瀆である。天皇を戦犯者として裁判するがごときことは冒瀆するだけでなく、精神自由の拒絶である。

（中略）

もし天皇が戦犯者として裁かれたならば政府の組織は瓦解し、かつ一般暴動は当然蜂起するであろう。日本国民が暴動を起こすことは明らかである。

フェラーズのメモの内容は、米国本土、ワシントンの首脳との方針とは相いれないものだった。当時、米国本土は、圧倒的に天皇戦犯論に傾いていたからである。

フェラーズは再びマッカーサーへの具申を急ぎ、天皇を戦犯として扱った場合には不測の事態が起きかねないと強く進言する。

もし天皇を排せば、全国的暴動は必至で、特別警備地区以外では白人の暗殺が懸念されると。

そうしたやりとりを間近で見聞きしてきた重治が後年、振り返ったところによれば、フェラーズの積極的な進言によって、マッカーサーの心中は天皇制護持に傾きつつあったが、米国本土はなお、天皇責任を問う方向に揺らぎはなかった。

最終的に、マッカーサーは当時、米国陸軍長官だったヘンリー・スティムソンに天皇制護持の効果を直言し、スティムソンがマッカーサーの判断を受けいれたことで昭和天皇は軍事裁判にかけられる展開を免れることになる。

後年、フェラーズには日本政府から勲二等の叙勲が贈られるが、フェラーズのこのときの功績を公表して叙勲授与に推薦したのも、重治であった。重治は私財を投じてフェラーズの功績書を作成して授与を強く訴えたのだ。

しかし、フェラーズと重治との交流は、重治がフェラーズへの叙勲授与に推挙したことを縁とするものではなかった。フェラーズがマッカーサーへ進言したメモの作成そのものに、実は重治は深く関わっていたのである。

フェラーズからマッカーサーへ、重治への信頼は絶対的なものとなっていく。

終戦の翌年、国会で憲法改正小委員会が組織された。戦後憲法の制定に向けた草案を検討する委員会である。のちに、マッカーサー憲法などとも呼ばれる日本の戦後国体を規定することになったものだが、この憲法委員会のメンバーに、無所属として重治が入ることとなる。

形の上では、日本が自発的に定めるという自主憲法の体裁を崩さないが、この憲法委員会では、重治も含めた多くの出席者が、マッカーサー率いる占領軍の意向と諾否を検討するために時間を費やしている。

日本側が作成した草案に占領軍が入朱し、意見を添えるかたちでの、いわば〝介入〟が続くが、この作業において重治がもっぱらに腐心したのは、前文だった。

なかでも、天皇の位置付けという「象徴天皇制」の在り方が難しかった。

フェラーズとともに腐心していた天皇制の護持と将来に、重治は心を砕いた。もちろん関心は、GHQに日本政府の意向を伝えることではなく、天皇制をめぐる扱いと文言、表現にあったのだ。

重治は日本語における「象徴」という表現の主旨とニュアンス、いわば表現の持つ意味の「射程」をマッカーサー側に正確に伝え、理解してもらうことがなによりも重要だと考えていた。

むろん、一部の国会議員らには、重治とマッカーサーとの近しい関係を懸念する声もあり、それが永田町における「笠井はＣＩＡのスパイ」という、揶揄とも軽蔑ともつかない評価の声にもつながっていったのだろう。

あえて重治が「スパイ」と呼ばれることを許すのであれば、重治はあくまでもマッカーサーが信頼した〝スパイ〟であった。

重治はそこを逆手にとり、天皇制護持の説諭に努めたのだった。

ここで、さらなる疑問が湧く。では、マッカーサーや占領軍が戦後日本の一介の政治家をなぜ、そこまで信頼したのか、という点だ。

その謎を紐解く手掛かりは、重治の戦前、戦中の活動にこそあるように見える。

重治は戦中、憲兵による検挙歴があったのだ。重治の戦前の足跡を振り返ってみたい。

シカゴ大学を経てハーバード大学の大学院を卒業した重治は二九歳のときにサンフランシスコを拠点とする「パシフィック・プレス」の次長に就く。同社は米国内で高まる排日運動に対応するための日本の外務省直属のメディアであり、いわば宣伝機関として機能していた。数年にわたる同社での活動を経て、いったん日本に帰国するが、三五歳のときには、ワシントン軍縮会議の随行団となった日本実業使節団で、団長である団琢磨の顧問として再度の渡米を果たしている。

当時から若き知米派として知られ、英語も達者だった重治を恃みとするのは政界のみならず、実業界にも多かったようだ。戦後、長く三井物産会長の水上達三とも懇意にしており、晩年は在野にあってなお、人脈の多彩さと太さは並いる現役の政治家を凌いでいた。首相官邸にもフリーパスで出入りする無名の老人がいると噂されたこともあったが、それは重治のことだった。

重治は米国政府に多くの学友を得ていただけでなく、枢密顧問官を務めていた金子堅太郎がやはりハーバード大出身であり、重治は金子の後輩という立場からも日本国内においても大きな信頼の礎を得ていた。

一九一七年には金子堅太郎とともに日米協会の設立に尽力してもいる。

米国で高等教育を受けた生粋の知米派であると同時に、徐々に雲行きの怪しくなる日本を取り巻く国際情勢に対して、重治がニューヨーク・タイムスの日本特派員、オットー・

トリシャスと交わしたやりとりが残っている。

一九四一年二月のこと。重治の自宅に招かれたトリシャスは、緊迫する日米関係をそのままに身にまとったわけでもなかろうが、いささか緊張した面持ちで重治と向き合っていた。

重治はこのとき、国連における日本代表の松岡洋右の演説が強硬すぎると自ら主張し、松岡の態度は日米関係を傷つけていると率直に語った。

日本人でありながら、体面を捨てて、松岡の態度を「困りものだ」と批判する重治の姿勢にもトリシャスは驚かされたが、重治は同時に、米国側にも妥協点が必要だろうという主張を展開し、現実的な感覚の持ち主であることをトリシャスに印象づけている。有力紙の日本特派員の重治に対する心証は、すぐにワシントンの米国側当局者にも環流していくことになる。重治もまた、トリシャスの先の〝人脈〟を見越しての議論だった。

日米関係が急速に先鋭化すると同時に膠着化していく流れは、いかに親米を自任する重治といえども決して楽観視することはできなかったのだろう。

両者の会談では、重治の主張する米国側の「妥協点」をめぐって深掘りしようとはするものの、なかなか具体的なものとはならなかった。

ただ、トリシャスはこのときの重治との議論ではっきりと重治の姿勢についてひとつのメッセージを読み取っている。

「重治は戦争に反対なのだ」、「重治は戦争には強く反対している」と。

グルー大使の面会工作

開戦の年、一九四一年、時の駐日大使はジョセフ・グルーである。同年一一月二七日、グルーは土壇場において重治にアプローチする。グルー自身が重治に面会を求めてきたのだ。

持ちこまれた案件は、米国側においても最後まで戦争回避に一縷の望みを託していることを確信させるものだった。

グルーは重治にこう求めた。

「天皇陛下に直接、会う機会が欲しい。会わせてほしい」

グルーの請託を受けた重治は、すぐに松平慶民式部長官邸で、直前に首相を辞していた近衛文麿と面会し、グルー本人による天皇への上奏実現を討議した。

だが、近衛は重治を通じた米国側のこの動きを嫌ったようだった。

討議は二七日から断続的に数日間にわたって行われたが、重治によれば近衛だけでなく軍部からもこの提案は嫌われたという。

重治を通じたグルーの必死ともいえるアプローチは、二九日の朝八時、突如として終わりを迎えた。重治の私邸を二人の憲兵が訪れ、重治は拘禁されたのである。重治の、米国による戦争回避の希望が潰えたのだ。

憲兵に拘禁されてから九日後の一二月八日、日本はパールハーバーを攻撃し、太平洋戦争が開戦した。まさに開戦直前の封印された〝回避工作〟であった。

重治の平和的解決を目指した外交活動は終焉したものの、それがあくまでも非公式ルートによる勝手連の類のものと軽くみることはできない。

米国は重治の信念と人脈に最後まで賭けたのである。大使のグルーによる昭和天皇への上奏が仮に叶っていたとしても、結果がどう展開したかはもちろん不明である。

開戦直前の日本の意思決定やパールハーバーをめぐる日米の駆け引きについては戦後繰り返しメディアや研究者らによって深く掘られてきたが、米国が重治に天皇への上奏の望みを託し、戦争回避の努力をしたともみられる、開戦直前のこのエピソードは、これまで言及されたことは皆無に近い。

希望を託した笠井ルートを自らつぶすかのような憲兵による笠井拘禁の一報を受け、駐日大使のグルーだけでなく、グルーに笠井ルートの活路を指示したワシントンの当局者らが落胆したことは疑う余地がない。

ワシントンが落胆、というのにはワケがある。グルーは日本における自身独自の判断で天皇への上奏を求めたわけでは、もちろんなかったからだ。

重治は、二七日のグルーからの請託を受けて動くわずか数日前にワシントンから戻ってきたばかりだった。代議士でもあった重治は、国会召集にも応じなければならず、ギリギリの日程だったのだろう。ただ、重治の急ぎの帰国は決して国会に間に合わせるためだけではなかった。

帰国直後、重治は知人の新聞記者にこう漏らしている。

「どうも様子がおかしいので、米国から飛んで帰ってきた……戦争になりそうだ。しかし、米国はでかい。とても勝算はない。世界の情勢を知っている海軍なら、そのことは承知しているはずだよ。しょせん日本と米国が戦争するなんて不可能な話だ。とにかく、きょうの議会で戦争を回避させなきゃならん」

帰国とはいえ、このときまで重治は三ヵ月間にわたり、日本を留守にしている。帰国の直前まで、野村吉三郎駐米大使とともに、ワシントンで外交交渉を繰り広げていたのだ。グルーに笠井ルートでの交渉がワシントンから下命されたのは、その重治の帰国を待ってのタイミングだった。米国政府が重治に最後の期待をかけたのは、決して偶然ではないことがわかる。

そして重治は対米開戦強硬論が表向き支配し、同時にそこに表立って異議の声が上がらない日本国内において、戦争回避工作を堂々と遂行して、そして拘禁されたのである。開戦と同時に、重治と親交のあったニューヨーク・タイムスの記者、前出のトリシャスもまた憲兵によって連行された。憲兵はこう告げた。

「おまえはグルー大使と笠井の友人だ」

すでにパールハーバーが攻撃された後のことだった。

このときの重治による戦争回避の身を賭しての尽力が、終戦直後の日本で、マッカーサーをして、重治に対する信頼の礎となったと考えても不思議ではない。

重治は米国のために動いたのではなく、戦争回避のために自らを犠牲にした平和主義者であるという米国内部での決定的な「プロファイル」を背景に、重治は戦後日本で占領軍とマッカーサーからの信頼を揺るぎないものとしたのだ。

英語に堪能なだけではない、「ジュージ・カサイ」に対する米国本土での圧倒的な信頼が生まれたことで、重治は情報提供者、占領施政協力者という位置付けを超えて、占領軍内部にも〝尊崇の念〟ともいうべきものを醸成したのだろう。

証左ともいうべきエピソードがある。

世田谷区松原にあった重治の私邸は、占領軍幹部ら家族によるサロンとなったのだ。占領軍幹部らは、しばしば妻をともない笠井家を訪れ、晩酌やパーティーを楽しんだ。仕事を越え、私的にも家族ぐるみで付き合うようになったのだ。

のちに永田町の政治筋から呼ばれた「CIAのスパイ」という呼称は、重治自身にとってもいささか不本意であり、酷な呼ばれ方であるかもしれない。重治は決して表立って自らの手柄や立場を吹聴しないがゆえに表には立ち現れえないという意味においてあくまでも「陰」である。しかし、米国は重治を決して「陰」の者としては扱ってはいないように見える。戦後七〇年を経て、米国ではCIAが資金提供した者を含めた協力者の氏名が公文書として公開されている。そのなかには、岸信介を始めとする戦後政治界の有力者らの名前もいくつか散見できるが、そこに「ジュージ・カサイ」の名前はない。つまり重治は、米国政府の資金と意向を受けて動く、売国の〝工作員ロビースト〟ではなかったのだ。

信頼において外交官を凌ぎ、知識において日本を代表する国際派、それが米国のジャーナリストを含めた重治評であった。それゆえ、当時の重治を知る米国人は重治を「コスモポリタン（国際人）」と呼んだ。

ただ、米国を敵視した戦前戦中から、圧倒的為政者として米国を見る日本では、そうした重治の活動が理解を得ることは難しかったのかもしれない。

日本国内が重治という存在を今日までほとんど回顧してこなかった一方で、米国は重治という存在を折に触れて遇している。開戦回避に最後まで汗を流した重治を決して忘れはしなかったという言い方もできよう。

米国が占領軍やマッカーサーとの交流を許し、戦後の渡米第一号という僥倖をうけたのは、あるいは米国による重治への最大のねぎらいであったのだろう。そして、日米の平和のために躍動した重治を、米国が戦後、恃みとする瞬間がさらに後に訪れる。

繰り返すが、重治は決して米国の国益のために動いたわけではなかった。

天皇制護持に向けて行動する一方で、日本人戦犯の解放のためにも尽力していた。

重治の〝学友〟には海軍大臣を務め、終戦当時には軍令部総長だった永野修身がいた。永野と重治とは、ハーバード時代の日本人学生としての交流があった。終戦と同時に永野はA級戦犯となり、巣鴨刑務所へと送られた。

重治はほうぼう手を尽くしたようだが、A級戦犯の烙印を押された軍人だけに、さすがの重治にも万策が尽き果てたようだった。永野はA級戦犯として、獄中で病死を遂げる。

終戦から二年後の一九四七年、重治は日米文化振興会を発足させる。外務省認可の団体としては一号となった。自ら会長におさまった重治だったが、この日米文化振興会の実質的な来歴はさらに古く、重治による戦後の創立からさらに六〇年も遡る。渋沢栄一によって提唱され、活動していたものの、日米開戦と同時に活動停止を余儀なくされていたのだ。重治はこれを新たな日米親善の場にしようと、自らの手で生まれ変わらせたのだ。

この年の衆院選挙で重治は落選し、その後の人生は在野の人として過ごすことになる。公職らしい公職と言えば、この日米文化振興会の会長職ということになるが、このとき、重治はちょうど六〇歳の還暦を迎えたばかりだった。

多くの者が隠棲の時間に入ろうとする時期、日本をはさんで米国と対峙するもうひとつの大陸から、米国がもっとも信頼する男、笠井重治に近づく者があった。

「卜兆鳳」からの手紙

最後の手紙がいつだったのか――。いまとなっては重治の娘・道子の記憶も定かではない。ただひとつ確かなのは、一九八五年に他界した重治の死後も、長く、笠井家には「川井龍夫」から年賀状が届いていた。そして記されていたのは、川井の晩年の居所と思しき住所だった。

そこにはみさと団地（埼玉県）がある。高度経済成長期以降、都心を取り囲むように郊外に展開した旧公団住宅のなかで、みさと団地は、ひときわ大規模だった。

すでに住人は幾代も変わり、現在、川井が居室としていた七〇一号室を訪ねても、彼の本名とされる卜兆鳳なる中国人名を記憶する住人は一人としていない。

卜兆鳳の日本での足取りは、一九九〇年代には知人らの記憶からも薄れていった。そもそも卜兆鳳が何者で、いかにして日本に定住することになったのかさえ、詳しく知る者はいない。ただ、このとき卜兆鳳が現れたことで、晩年の笠井の身辺が慌ただしさを増したことは間違いなかった。

卜は、周恩来からのものとされる密書を携えて重治のもとに現れた。アメリカにつないでほしい――と。

現在まで、卜の存在を示すものとして残っているのは、周恩来が重治と「川井」に謝辞を送ったとされるあぶり出しの手紙が一通。ほかには、重治が書き残した一九七一年の日記に頻繁にその名前が登場するだけである。まさに謎の男と呼ぶにふさわしい卜兆鳳は、プライバシーさえほとんど明かすことなく、日本では、徹底した隠棲生活を送っていた。

卜兆鳳がいかに注意深く振る舞っていたかを教えるエピソードがある。

重治のアメリカ出張中、卜は、重治の妻ともと、道子を自邸に招いた。自らが持ち込んだ話で重治を奔走させ、自宅を留守がちにさせてしまっていることを気の毒に思ったのではないかと、道子らは卜の心中を慮った。きわめて紳士的ではあるが、生活の匂いがうかがえない卜に興味もあって、誘いを受けることにした。

招かれた卜の自宅は東京・千駄ヶ谷にあった。

男一人の所帯にしては、室内は小奇麗にまとまっている。道子らが感心していると、卜は腕をまくって、料理を始めた。餃子の皮のようなものを練り始め、手際よく、皮を手ごねていく。出されたのは、小籠包だった。

道子らは卜が中国人であることを知ってはいたが、「川井さん」と日本名で呼ぶことが習いであったことに加え、癖のない日本語から、トが中国人であると意識したことは、ほとんどなかった。

肉汁のあふれるアツアツの小籠包は絶品で、二人はそのときばかりは、トのルーツが中国にあることを思い出さざるを得なかった。

室内を眺める限り、女性の影は感じられなかった。

ともと道子にとっても、謎めいているトとの交流は貴重なものだった。重治との間で、のっぴきならない重大な案件を抱えている空気だけは感じとれたが、口の堅い重治は、何も語らない。一方の当事者であるトも、あまりに謎が多すぎた。

トは白金台にあった現在の中国大使館のそばにある中華料理店にともと道子を招いたこともあった。

やはり、重治がアメリカに出張中のことだった。

見るからに高級そうな中華料理店の個室で円卓を囲み、歓談の最中、道子はおもむろにカメラを取り出した。重治は、晩年はカメラが趣味だった。アングルや構図に凝り、とにかくどこにでもカメラを持っていき、写しては自分で現像することを繰り返していた。そんな影響もあったのだろう。道子もいつしかふだんからカメラを持つようになっていた。

せっかくだから記念にと、カメラを向けようとすると、卜は顔色を変えることなく、「では、お二人をお撮りしましょう」と言って、道子の手からカメラを取り、ともと道子を撮ることで、写真に収まらなかった。

道子はそのとき気づいた。やっぱり、撮られたくないのだ、と。卜は相手を決して不快にさせることなく、さりげなく撮られる側から撮る側へと立ち回ったのである。

いまとなって卜の経歴を知れば、紳士さと同時に隙のない振る舞いが納得もできた。卜は戦前、日本の影響下にある中国で成立した汪兆銘政権の中枢、それも汪兆銘の側近の一人と目された人物だった。

卜兆鳳は一九〇八年、中国東北部、吉林市の郊外にある村で、のちに吉林市の商工会議所の会頭になる卜瀏昇の次男として生まれる。青年期に南満州鉄道の下部組織である満鉄教習所を経て、北京の燕京大学に入学する。その後、日本に留学し、明野陸軍飛行学校に入学した。一九三六年（昭和一一）、飛行学校を卒業した卜は、満州に帰国後、流暢な日本語と日本への留学経験を買われ、徐々に関東軍内部で重用され、その後、日本の特務機関の一員となり、やがて汪兆銘の首席侍従武官に就いたとみられている。

トを知るごく限られた日本人関係者のあいだでは、トは汪兆銘の側近だったと認識されている。それは、この首席武官の経歴を指していると思われるが、この時期、トは「兆鳳」ではなく、「立夫」を名乗っていたとみられている。昭和一六年前後のことだ。

のちに日本で「川井龍夫」を名乗る由来は、さかのぼれば、中国時代に使っていた「立夫」という通名が念頭にあったからだろう。

その後、第二次世界大戦の終結を経て、トがどのように日本に入国し、滞在することになったのか、詳細な経緯は判然としない。ただ中国は、第二次世界大戦の「戦勝国」であり、戦後、中国は日本占領軍の一翼を占めていた。中国の軍関係者はかなりの規模で日本に滞在し、日本に定住することになった。日本への留学経験もあり、流暢な日本語を話すトが、日本に生活の拠点を構えることになったとしても違和感はない。

重治とトとの最初の出会いがいつなのかは不明だが、一九六〇年代後半には定期的に接触を繰り返すようになり、初めて周恩来からのメッセージがトを通じて託されたのは六九年の一一月頃と見られている。

この時期の重治は、自ら設立した日米文化振興会の会長職に就いて以来、表向きは現役を退いていた。戦後初めての衆院議員選挙に当選したものの、日米文化振興会を設立した一九四七年の選挙では落選し、そのまま「市井の人」となっていた。一八八六年生まれの重治にトが接触したとき、重治はすでに齢八〇を超えていたはずだ。その重治を恃みにしなければならない事情をトは抱えていた。

それが、米中関係の新たな展開をにらんだ、周恩来による対米ルートの構築であった。トが側近として仕えていた汪兆銘は、戦後、周恩来らとの対立と政争に巻き込まれるかたちで香港に逃れていたが、汪の側近として戦中から周恩来とのパイプ役を務めていたトは、戦後も周恩来との〝生きた〟パイプを保っていたとみられている。

トが現れたのを機に、重治はまるで戦前や終戦直後の「現役時代」に戻ったかのように、再び頻繁に渡米するようになる。ときにはトも重治に同行したという。

冷戦最中のこの時期、米ソ対立のなかで、中国の立ち位置は微妙だった。アメリカとしても、ソ連との対立軸のなかで、中国を多少なりとも自国側に引き寄せたい。一方、中国も複雑な事情を抱えていた。ソ連とは同じ共産圏でありながら一枚岩とは程遠い状況にあった。

当時の中国は、ソ連とアメリカの二つの大国と対峙できる国力はなく、蔣介石率いる台湾との関係をめぐる「二つの中国」問題もあり、国際政治の力学のなかで、自国を有利に立脚させるパワーバランスを構築する必要があったと言えよう。太平洋をはさんだ政局バランスの第三極として、中国はアメリカへの接近を図っているとみられていた。重治の前にトが現れたのはまさにそのタイミングだった。

当時、朝日新聞政治部に在籍し、官邸詰めの記者だった前出の冨森叡児は、重治の様子について次のように話す。

「共和党筋に知人の多かった笠井氏は川井（ト）を伴って渡米し、ホワイトハウスに書類を届けた。しかしこのときは要人には会えず、グラントという男が書類を受け取った。グラントはホワイトハウスの警備の責任者だったが、グラントと一緒に中国系のアメリカ人が現れて、英語のできない川井と中国語で話し合っていた」

再び動きが出たのは一九七一年九月のことだったという。トが再び、アメリカに届けるべく、密書を携えて現れた。

重治はこのとき、大統領のニクソン、さらに首席補佐官のキッシンジャー両人と会う約束を取り付けていたと言われるが、渡米後、両者が議会の聴聞会に呼び出されたために面会はかなわず、代わりに国家安全保障会議の中国問題担当者であるホールドリッジに会って密書を渡している。

つまり、重治は密書を二度アメリカ側に届けたことになるのだが、冨森が重治から聞かされた内容は、最初の密書は、「アメリカが台湾問題を処理するならば、米中関係正常化に応じる」という趣旨のもので、第二の密書は、「台湾問題処理の細かな条件を示した」ものだったという。重治のこの話には、「奇妙に符合する部分がある」と思えた。

大統領の就任直後から中国との関係改善を求めてシグナルを送り続けていたニクソンに対して、中国側がルーマニアとパキスタンを通じ、ワルシャワでの米中大使級会談の再開に応じてもよいとの意向を示したのは、一九六九年の秋。トが密書を重治のもとに運んできた時期と重なる。

外交には常に表と裏が存在するが、いわゆる米中の「ルーマニア・ルート」「パキスタン・ルート」での接触は、両国の動きがうかがえる、あくまでも「表」の話になる。これに対して、重治とトの動きは「裏」ということになる。

冨森には、重治とトの動静が、米中の動きに連動しているように見受けられた。

これまで知られている米中交渉のプロセスであるルーマニアとパキスタンを通じた公式な外交ルートの陰で、周恩来ら中国側は、より踏み込んだ意向をアメリカ政権の中枢に伝達していたことになる。そのひとつが、「笠井・トルート」でありえた。

表が常に建前で動き、裏にこそ本音が潜むとするならば、ルーマニアとパキスタン・ルートという外交の〝建前〟の一方で、重治らは周恩来の、いわば「本音」を運ぶ役目を担ったとも言えよう。

冨森が考える「奇妙な符合」はさらにある。

一九七一年九月、第二の密書が重治のもとに届いた時期のことだ。

のちに冨森は、重治らが周恩来からの第二の密書を託され訪米した時期として、九月九日の直前であると告げられる。この時期は、キッシンジャーが中国を訪問してからの、ニクソン訪中をめぐる米中の交渉が完全に宙に浮いていた時期と重なる。

生前の重治を知る人物を訪ね歩いていた私は、冨森のもとに重治の一九七一年当時の日記を届けた。その記述から、七一年九月初旬、重治がたしかにアメリカを訪問していたという、重治がかつて冨森に漏らした〝後日談〟の現実味が増した。

冨森が官邸詰め記者だった時点では、重治はこうした話を漏らすことは一切なかったという。ただ佐藤栄作総理時代の官邸に出入りする謎の人物として重治の背中を追いかけ、頻繁に官邸に出入りしている不思議な老人としてのみ、重治を知り、接触していた。

官邸詰め時代の冨森は、重治と岸信介が昵懇《じっこん》であること、福田赳夫が岸の子飼いとしてよく知られていたことから、重治が佐藤政権時代の外務大臣だった福田赳夫と近しい関係にあることを知った。

重治から卜との関係や密書の件などを明かされたのは、さらにこののちのことであり、当時、重治はおくびにもだすことはなかった。

笠井日記を紐解くと、福田が重治に現金を渡している記述も見つかった。それは冨森をも驚かせた。福田はとにかく「ドケチ」として知られていたからである。そのケチな福田が、あろうことか、重治に資金を提供していたと、笠井日記には記されている。おそらく機密費のたぐいであっただろうと冨森は推測した。

日記を読み解けば、重治がホワイトハウスに周恩来からの密書を携えていくのに前後して、福田のもとを頻繁に訪れていることがわかる。重治は福田に、米中接近のシグナルを間接的に示唆していたのだろうが、これに対して福田から重治に「資金供与」があったことがうかがえるのだ。

表向きは情報収集に対する資金提供であると重治は受け止めた一方で、福田としては「口封じ」でもあったのではないかと、冨森は読んでいる。

佐藤政権下でも膠着状態にあった日中国交正常化プロセスは、まさにキッシンジャーとニクソンによる訪中「ニクソン・ショック」で文字通り、衝撃を受けた。重治が頻繁に官邸と外務省に接触していることを見れば、政権中枢には、陰に陽に、笠井情報が届いていた可能性が強い。つまり、日本は笠井ルートによってもたらされる話を、情報確度の問題ゆえか、国内の政治情勢を優先させたゆえか、とにかく〝黙殺〟したのだろう。いずれにせよ、日本政府は笠井情報を活かせなかった。

重治の日記は癖のある文字でびっしりと埋められているが、重治がホワイトハウスを訪れているはずの期間前後は、日記は一切が空欄のままである。

強いて言えば〝奇妙な空白〟にも見受けられるが、外交公電をのぞく外交官の手帳などにおいては、決して偶然ではない場合がある。交渉内容ややりとりをあえて後世に残さないために、一切を記録としては残さないのだ。重治は確かに、ホワイトハウスと日本を往来していた。

重治はもちろん職業外交官ではないが、戦前に外務省の宣伝機関に勤め、日米開戦回避に動き、戦後はマッカーサーとの近い距離感を保っていた。絶対に秘匿とするべき内容は、決してメモさえ書き残してはならないという作法を身につけていたのではないだろうか。

そもそも、この笠井日記は、重治の書斎周辺から見つからなかった。重治の死後二〇年以上にわたり、重治の妻の着物類のなかに、あたかも隠されるようにしてしまわれていたのである。

この笠井日記には、トとともに、アメリカでどのような人物に接触したかまで、仔細に記されてもいる。

汪兆銘政権の元高官でありながら、周恩来からの密書を携えてくるトの将来的な立ち位置なども慮り、トの身辺を案じていたことも十分に考えられよう。日本に定住しながら中国を往来するトは、いつ現地で政争に巻き込まれないとは限らない。大陸にはトの親族も残っている。重治であれば、後世のさまざまな展開を視野に入れていたとしても不思議ではなかった。

冨森は、すべての話を鵜呑みにはできないと慎重な姿勢も崩さないが、同時に、こうも信じている。

「大きな外交交渉の陰では、こうした密使が行き来することがよくある。正式のルートではないので、失敗しても、成功しても、表面に浮かび上がることはまずない」

ルーマニアやパキスタンでの両ルートによる表の交渉の裏で、重治らが運んだメッセージによって、キッシンジャーやニクソンが、中国側の本気度に対して心証を確実なものにした可能性はあるだろう。

最大の謎は、なぜ周恩来は、日本の傀儡政権とさえ呼ばれた汪兆銘政権の高官だったトに密書を託したのか、である。

トと極めて親しかった人物が、唯一ともいえるヒントを言い残している。

かつて重治が設立した日米文化振興会の理事を務めていた沖野三だ（二〇〇七年死去）。沖野は愛媛放送の会長を務め、自宅は東京・狛江市にある。トと極めて親しかったという沖野が生前、語ったところによれば、周恩来が汪兆銘政権への密使として南京に潜入し身柄を拘束されたときに、トの尽力で釈放させたことがあったのだという。このときの縁で、周恩来はトに対して感謝の念を持ち、汪兆銘の側近でありながら、トとの関係を保ち続けていたという。

数度にわたる密書のやりとりの末、米中関係は正式なものとして構築されていく。重治とトのもとに、周恩来から感謝の気持ちを記したあぶり出しの手紙が届いたのは、一九七一年の暮れのことだったという。
ニクソン訪中という世界史に残る舞台の下で、重治とトが果たした黒子の役割を、周恩来はねぎらったのだった。

最後の姿

重治は一九八五年に他界するが、米中の密使を務めたトはその後、どのような人生を辿ったのだろうか。人づてに消息の一端はうかがえるものの、研究者のなかには、そもそも実在した人物であるのかどうかと訝《いぶか》しがる声さえあった。トの写真は一枚も残ってはいなかったからである。

トと親しかったと言われる沖野三の住まいを狛江市に訪ねた際、健在であった夫人は遺品を点検してくれたが、結局、トの写真らしきものは出てこなかった。

だがその後、トの人脈の一端が真実であることを垣間見ることのできる物証が発見された。それは、笠井重治の遺品のなかにあったのだ。

実際にトの顔を知る、娘の道子が示したのは、笠井とともに写るトの全身写真であった。

国民党政府の要人らとともに（左から卜兆鳳、笠井重治）

それは一九六八年か六九年、とにかく七〇年以前の六〇年代後半に卜と笠井が連れ立って台湾に行ったときのものだろうと、道子は推測した。

眼鏡をかけた端正な面立ちと知的なまなざし。汪兆銘政権の高官であったとされる経歴と風貌が違和感なく、素直に受け止められる。やわらかな物腰であったであろうことを想像させる雰囲気が、ほほ笑んだ口元から感じられた。同時に、肩口にはどことなく緊張感が漂っているようにも思え、隙を感じさせない人物であるようにも見受けられた。もし向き合ったならば、内面を容易には露呈させない、そんな剛毅な人間性だと受け止めただろう。

日本に留学中、明野飛行学校を経て幹部学校にまで進んだという経歴も納得できた。痩身ではあろうが、元軍人らしいしっかりした骨格は、背広の上からでもわかる。

写真をもたらした道子によれば、会食の場面と思しき参列者の一人は、やはり、汪兆銘政権の高官だった何応欽《かおうきん》ではないかという。

そしてもう一人は趙琪《ちょうき》という人物であったのではないだろうかと推測する。何・趙ともに、汪兆銘率いる国民党政府の要人中の要人であり、戦後は台湾に逃れている。

顔相が似ているだけではなく、道子がそう思うのには根拠があった。

笠井家には、何・趙の両者から贈られた扁額が残っているからだった。写真に写り込むことを避けていたと思われるトだが、このときには何枚もの写真に一緒に写っている。また、笑顔を浮かべ、かなりリラックスした様子もうかがえる。

写真が撮られた詳細な場所はわからないが、おそらくトは重治を旧汪兆銘政権の要人らに引き合わせたのではないだろうか。トにとっても、その面々は心休まる懐かしさをもたらしただろう。日本国内では決して写真には写り込まなかったトのリラックスした笑顔からは、トのつかの間の安寧のときがうかがえた。

現実の存在さえ疑われるトは、さらに複数の名前を持っていたのかもしれないが、間違いなく、実在した。

一九六八、六九年は、トの誕生年とされるものから数えれば、六〇歳を迎えるか迎えたかの時期にあたる。写真でのトの風貌は、ちょうど還暦前後のものと考えても違和感はなかった。

かつて笠井家を訪ねたトは不意に、香港に住む娘が日本に来て一緒に暮らすのだと漏らしたという。

伝えられているトの経歴では、トには麗蘭という妻がいたはずだった。娘がいたとすれば、麗蘭とのあいだの子どもということになる。

娘との生活の期待を漏らしたのと前後して、トの居所は、千駄ヶ谷から新座・三郷へと移る。

現在でこそ、みさと団地は老朽化が進み、いささか淀んだ雰囲気さえ感じさせるが、トが移り住んだころのそこはまだ真新しい、中層のマンション群が整然と並び立ち、新しい都市空間といった明るさを強く発散する場所だった。豊かな緑に囲まれ、真新しいスーパーや小売の商店は、夕方になればあふれる人波で活気づいていた。

将来に希望を持つ日本人たちの活気に紛れて暮らすことは、トにとっては平和で落ち着

笠井は多磨霊園に眠る

く環境であったかもしれない。

卜が仕えた汪兆銘は、何度も暗殺未遂に遭い、最後は受けた傷がもとで帰らぬ人となっている。

写真に収まることを嫌い、何事にもきわめて慎重で、用心深かった卜の行動は理解できる。周恩来の密使を務めながらも、いつ〝国賊〟として囚われかねないとの思いも一方では拭えなかったであろう。

卜は重治を利用しようと考えたわけではなかっただろう。両者ともに、立場と境遇は異なれども、平和のためには自らを犠牲にしても、という己の前に大局を立たせる勇気を持ち得ていたのであろう。

歴史の立役者になりたいという名誉欲が

先に立てば、重治はその証を表に顕すべく、自伝のひとつでも残したに違いないし、米中デタントという冷戦史に、自らの名前を刻もうと動いたに違いない。

だが重治は、トの名前とともに、一九七一年の日記を、そっと妻の衣類のなかに隠しただけだった。歴史に埋もれる覚悟だったのではないかと思う。だからこそ、笠井重治とト兆鳳の物語は真実であったと思えてくる。真の外交とは、名誉や立身とは無縁の、ある犠牲のうえにこそ成り立つものだからだ。

第一二話　幻のマーケットと伝説の芸人・小松政夫

三角地のマーケット

博多を訪れる観光客に知られる麺屋「かろのうろん」は、祇園マーケットの三角形の建物が立つ一画にある。この「かろのうろん」の前から建物を一周して戻ってくれば、歩幅五〇センチ弱の足で一九六歩を数える。三角形の一階部分は、建物の内部にすっぽりと入る祇園マーケットと、その外側の通りに面した商店とで占められている。その上階はアパートで、現在も入居者が暮らす。

この二〇〇歩に満たない小さな場所で、今となっては「ひと知れず」と言っても過言ではないほどに密やかに、祇園マーケットはその命脈を保っていた。

マーケットには四つの入口があった。

朝の五時半、この祇園マーケットは仕入れを終えて店に戻ってくる店主たちの出入りで

三角地に建つ祇園マーケット

もっとも賑わう。原付のバイクが魚の入った発泡スチロールを載せて戻ってくれば、また別の入口には、仕入れたばかりの野菜が詰まったダンボール箱が山積みされる。

そこには男の姿だけでなく、女の姿もあった。お世辞にも「若い」と呼べる風貌の者はいない。その建物の周囲を三周も四周もしながら、そんな暗く小さな穴から出入りする商店主らしき人影の行き来を眺めていたが、店主がなかに入っていった後ろから、意を決して、体を突っ込ませた。

日差しは、通りを挟んで東に建つ萬行寺の境内高くから容赦なく降り注いでいた。

夏の朝に慣れた目が、穴に入った途端に視力を失い、それは一瞬、恐怖を呼んだ。

祇園マーケット内の光景

運動靴の先が引っかかる足元の怖さを拭おうと、のめるように突っ切ると、そこには不思議な回廊が延びていた。

雨漏りでやられたのだろうか。天井の板は歪み、ところどころ破れ、腐り、くすんだ傘の真下に垂れ下がった裸電球が熱を発している。人気《ひとけ》は少なく、店とはいえ、そこにはまるで地面の上にそのまま台を敷いて野菜を並べたかのような、青空市場とも屋台ともつかない、広い空間が広がっていたのだった。それは、写真や本でしか知らなかったヤミ市の光景そのものだった。

周囲わずか二〇〇歩に満たない建物のなかは、想像をはるかに超えた空間の広がりを感じさせた。だからだろうか、キーンという耳鳴りとともに、カランカラン、カラランコロンと、下駄の音が近づいてくるような幻聴さえ覚えた。

実際にはそれは、国体通路に面した別の入口の脇に店を構える魚屋の主人が乗る、原付バイクのエンジンの音だった。戻ってきた主人は今では探すのも難しいほどの粗末な小型テレビをつけ、店なのか居間なのかわからぬ入口の内側すぐの場所に椅子を置き、ひと仕事が終わったとばかりに寛《くつろ》ぎ始めたのである。

横を見れば、今は誰も使っていないと思われる生鮮品を並べる銀色の台の脇の真っ暗な場所で、この主人の女房らしき女性が横になっていた。

この主人の店もいたく不思議なものだった。生鮮台には魚も切り身も並ばず、無数の鯛を泳がせた大きな生簀《いけす》が、暗がりに置かれただけだった。水槽はだいぶ冷えているのだろう、出入口の脇に置かれているためか、外気に触れて、表面には小さな水滴が密集していた。

マーケットのなかは三メートルか四メートルごと、あるいは明らかにそれより短いものもあったが、台は各々きちんと仕切られ、それぞれに店子やオーナーがいるとのことだった。ところどころスッポリと、虫食いのように空いている台の上には、丁寧にも、「貸台」と書かれた告知と、連絡先の電話番号が記されている。

その「貸台」の正面で八百屋を営む奥さんに頼むと、気さくに仄暗いマーケットのなかを案内してくれた。最初に奥さんが指さして見せたのは、天井だった。

「これ、見てちょうだい。もう、年々、天井が下がってきて危ないのよ。でも誰が修理をしたらいいのかとか、ぜーんぜん、わからないの。もう危なくって、危なくって。ここはね、建物の権利が複雑すぎて修繕もできないのよ。凄いでしょ、この建物。まあ古いまんま、よくもってるわよね」

なかば朽ちかけている天板からは梁がのぞき、その梁のコンクリートさえ、表面が削《そ》がれ、なかの鉄筋がむき出しになっていた。

「いやーこれは凄い。しかし、よくこれだけのものが終戦直後から今まで残っていますね」

私の言葉に、奥さんはくったくなく、むしろ胸を張って応えた。

「そうでしょ。まあ、なかは凄いけど、建物は丈夫なのよ。このあいだの地震でもなんともなかったんだから」

地震とは、二〇〇五年三月二〇日に福岡県地方を襲った、震度六弱の地震のことだった。

この地震で福岡市内の高級マンションでさえ壁や内壁にヒビが入るなどの被害があったと伝えられていた。

だが、「地震でもなんともなかった」という建物の住居部分に、現在どんな人物がどのような縁で住み着いているのかは、もはや祇園マーケットの店子でさえ容易には知ることができないようだった。

ある日の朝、このアパートの住人らしき年配の女性がなにやら水仕事をしているのに出くわしたことがあったが、こちらの姿を認めると、話しかける隙もなく、すぐに部屋のなかへ引っ込んでしまった。すべてが住居かと思えば、たまたま立っていたその場所のすぐ脇には「上海エステ」なるマッサージ屋が店を構えていた。

祇園マーケットの一階に入る八百屋の奥さんが、野菜を置いている台をめくって、ふと、こんなことを話してくれた。

「ほら見て。これね、この板の下にコンクリートがあるでしょ」

奥さんの膝の上、こちらの膝のすぐ下のあたりまでの高さに、見れば巨大なまな板を横に立てたようなコンクリートの板が、通路と直角に交わるかたちで固められている。さらにその上に、横長の、まるで壁を仕切る大きな建材パネルのような、これもまたコンクリ

ヤミ市時代から残る台

ートの板が乗っている。そのまた上に、材質さえわからぬ、白塗りのベニヤ板のようなものを敷き、そこに野菜などを並べているのである。

奥さんは、その台を指さした。

「この台はね、終戦直後の、それこそヤミ市のときからあるんですって。もともとここにヤミ市があって、そのうえに建物を建てたんですってよ。だから、これがヤミ市のときからの唯一の名残ね。もともとはこんなものの上にそのまま物を置いて売ってて、それでその場所にこういう建物をつくったわけよ」

足元に目を向ければ、床とは名ばかりで、土の上に直にコンクリートを流したようにも見える。そのためか、路上の凹凸を均《なら》さずに、そのまま固まったようでもあった。

謎なのは、この祇園マーケットの構造だった。仮に、上空からコンピューターグラフィクスで骨格だけを透かしてみれば、二つのV字を交差させるようなかたちで展開しているようにも見えるだろう。あるいは、大きな三角形のなかに、その一辺を利用したもう一回り小さい三角形を作ったような按配にも見えるはずだ。とにかく、三角のビルの一階部分、祇園マーケットだけは、また別のV字、あるいは三角構造になっていた。

奇妙にも思えるこの造りこそは、この屋内型マーケットの「路上ヤミ市起源説」を裏付けているようでもある。祇園マーケットの敷地のほうが当初の姿で、その動かしがたい場所を取り込み、可能な限り敷地を延長して確保した末の「三角地」であったのか。三方に鋭く延びる三角形の建物は、ビルを建てた者々が抱えていたであろう飽くなき土地への執着を今に伝えていた。

ところで、いびつな三角構造を重ねているからだろう、この建物には空に吹き抜けた中庭が二つできた。V字を交差させたこの建物は、外見の単純さからは想像できないほどの複雑さを同居させていた。同時にそれは、三角という形状がもたらす絶対的な安定感と無縁ではなかった。この建物の設計者があえてこの構造を採用したのであれば、それは恐ろしいまでの卓見だと言えた。

一九四五年の終戦の日からほど遠くない博多で、この建物は、まさにどっしりと焼け跡に腰を据えた。

「小松政夫さんが住んでいた」

「ついこの間まで、そこの乾物屋のおばあちゃんが生きてたんだけど、つい二、三ヵ月前だったかしら、亡くなっちゃったの。あのおばあちゃんが終戦直後からずっといて、なんでも知ってたのにね」

奥さんにとっても、この建物の素性とかつての全貌を知る古老の死は、至極無念といった様子だった。その奥さんが続けた。

「でも、ここね、終戦直後に、あの小松政夫さんが住んでたんですってよ。上にね。上にいたんですって。それで、博多に来るたびに、そっちの『かろのうろん』に来て食べていくらしいのよ」

笑いにドラマにと、今も多くの人びとに愛される俳優の小松政夫（二〇二〇年死去）が、かつて祇園マーケットに住んでいたのだと、奥さんが、まるで自分だけのアイドルとの思わぬ縁を無邪気に、自慢するように繰り返した。奥さんは、中庭を隔てた隣りの通路から、また別の魚屋を呼び寄せて、念を押すように言った。「ねっ、小松政夫さんもいたのよねっ」

魚屋も迷いなく相槌をうち、ちょうどこの上じゃないかな、と住居部分の上階へ指を上げてみせた。俳優「小松政夫」は、祇園マーケットの希望でもあるようだった。

「今はみんなそれぞれ、中洲とかお客さんを持ってるから、そっちに卸したりして商売をしてるけど、そりゃ終戦直後は買い物に来る人で、このなかはもうびっしり人が埋まってたんですってよ。小松政夫さんなら、きっと知ってるんじゃない」

祇園マーケットのなかには、魚屋や八百屋などもっぱら同業種の店が集まっていた。それは現在の店舗の立地戦略からは考えられないことだった。競合店が同じ場所に店を構え、ひしめきあうなど、商売のイロハに反しているようにさえ思える。

しかし、東京・上野のアメ横もそうであるように、ヤミ市の跡地だったと言われる場所では、こうした同業種が軒を連ねる場所が多いのも事実だった。それは権利や権益を確保するにあたっては有益な形態だったのだろう。数こそ力、なのである。アメ横も祇園マーケットも、商業空間としては時代遅れにさえ見えながら今日まで生き延びてこられた理由は案外、そんな単純なところにあるのかもしれない。

小松政夫は終戦直後の祇園マーケットで何を見たのだろうか。

八百屋の奥さんの無邪気な喜びに、いつしか、ブラウン管の上で覚えた小松の顔が笑いかけ、胸が高鳴ってくるのだった。

小松政夫の持ちネタに、中学生が学生服の詰襟を立てて背広風に装い、ストリップ劇場に潜り込むというものがある。シャッシャッと、まるで氷板を包丁ででも掻いているような涼しげな手つきで首の後ろから襟を立てる演技は、小松政夫が生来の役者であることを改めて感じさせる。

『楽屋の王様　ギャグこそマイウェイ！』（竹書房）というＤＶＤにも収録されている、この小松のコメディが、博多での体験をネタにしたものだった。

小松が少年時代を過ごしたのが、祇園マーケットだった。かつて福岡でもっとも栄えたと語り継がれる祇園。終戦から六〇年の時間を超えていまもまだ建つ祇園マーケットの建物で、終戦直後、九人家族の小松家は暮らしていた。

自身の自伝的作品である『のぼせもんやけん』（竹書房）のなかで、小松はその場所をこう記している。

「僕の家は、博多駅からほど近い、山笠で名高い櫛田神社の裏門のすぐそばの、瓦町というところにありました。当時では珍しい豪華四階建てのビル！」

小松と会う前、「四階建て」というのは記憶違いではないのか、と思っていた。国体通路を中洲へと向かう右手に立つ祇園マーケットの建物は、商店の入った一階部分の上は、どう眺めても三階までしか数えられなかった。

「戦後、なーんにもない焼野原の真ん中に、まさしく白亜の殿堂が建っていたんだから」

小松の記憶は鮮やかだった。

「あそこに住み始めたのは昭和二二年か二三年ころだったなあ。かなりモダンな雰囲気だったね。それでほら、屋上のまた上に部屋があったんだ。もうそりゃ、当時としては設備も最新でね。窓も左右に開くのじゃなくて……なんて呼ぶのかな、下から上にあげて開くやつで、外国の窓みたいだった。イタリア風のだって聞いたことがあるよ」

今でも外壁は乳白色に吹き付けられてはいるが、おそらく完成直後の建物は、終戦直前に大空襲に見舞われ、それこそ焼土と化した博多の土地でひときわ目を引いたに違いなかった。

一階部分の内部には、魚屋、八百屋に乾物屋と今でいう大手スーパーの食品売り場さながらの「祇園マーケット」が広がり、夕方ともなれば買い物に訪れる客で狭い通路はいっぱいになった。

「想像を絶する賑やかさでね。夕方になると、客を呼び込む声が響いたんですよ。「シャーシャーシャーシャーイラッシャー」なんて声で、客がビッシリだった。人の洪水ですよ」

その祇園マーケットは、二階と三階部分が賃貸のアパートになっている。そして、国体通路沿いの一角だけが、変則的に四階建てになっているのだった。この通りに面した一角の二階から四階までが小松家だった。

「国体道路は天皇陛下が来るっていうのでつくった、いわゆる五〇メートル道路だけど、その国体道路を挟んでうちのちょうど正面に、まだその頃は呉服屋があってね。反物を売ってたんだけど、子ども心にあるとき、「おじさん、それ一尺より短いよっ」って言ったら、「子どもはだまっとけ!」なんて言われたこともあったかな。この五〇メートル道路のところに、夜は屋台が並んでね、天ぷらから、ラーメン、寿司までね。金魚すくいなんかもあったけど、一杯で六〇匹も捕まえるのがいてさ」

毎年夏が近づけば、国体道路を見下ろす小松少年の部屋のほぼ正面に、山笠が立ち、そして、博多どんたくの大きな舞台が組まれると、祇園の町は一気に夏の暑さに突入する。

「六月の終わりころになると、舞台を組み始めるでしょ。「もっと右ー、もっと左ー」なんて言って、大人たちがやってるわけ。そんな掛け声を聴くのが楽しみでね。どんたくも、今みたいに企業のスポンサー絡みじゃなかったからね。そこでギターやったり、みんながいろんな芸をするわけ。で、そういう芸が終わると、芸人は飲ませてもらうわけで、そこ以外にもそういうステージがあっちこっちにあったの。博多の人たちは、みんなこういうステージを見て育った。それに、そういうステージもそこだけじゃなくて、あっちこっちにあったからね」

福岡は全国でも有数の芸能人輩出県として知られるが、その芸達者な風土は博多の町なかだけに留まらない。炭鉱で栄えた九州の旧産炭地域全体では、早くから楽団演奏会や観劇が庶民のかけがえのない娯楽として根付いていた。九州を代表する歓楽街・中洲の「呑む、食う、打つ」の粋な所作のなかには、「観る」ことも溶け込んでいた。

小松少年が連日、そんな舞台で三々五々繰り広げられる芸を眺めていた時代、「ちょっと贅沢をしようと思って中洲に行くと、キンスズっていう洋食屋があって、そこは五〇円だった。かろのうろん屋は一五円だった。でも、中学生のときに一個五円のコロッケを四五日間食べ続けたことがあったかな。うちの姉が、祇園小町なんて言われるほど美人だったこともあって、姉目当てのお兄さんたちが「ねーちゃんによろしく」なんて、くれるんですよ。それを毎日、食べ続けた。あと、クジラの肉のビフテキっていうのがあった」

博多の町で異彩を放つ「白亜の殿堂」とはいえ、風呂は銭湯だった。

「だから、カメの湯とかムサシ湯とか、あたりはどこに行っても風呂屋だらけ。冷房なんかはまだなくて、夏は風呂屋に行くと扇風機があるぐらい」

そんなある日、小松少年は思い立つ。

「四階に上がってみようと思った。それで、そこを舞台にしてチケットをつくって客を呼んで、みんなに見せようと思った」

国体道路から眺めるどんたくの舞台と、集まる群衆、それを取り囲むように夜ともなれば屋台が連なる。いつしか、窓外に見下ろすそんな賑やかな祭りの絶え間ない拍動が、小松少年のなかに芽生えた新しい情熱を育んでいったのだろう。今も記憶に残るこの情景を、小松は「テキヤの檜舞台」と呼んだ。

「だから、わたしの笑いは違う。ほとんど人から教わったもんだけでやってきた。観て聴いて、体験したこと。笑いは焼け跡からだね。祇園マーケットの四階での舞台が、演技の開眼だったね」

「親父が建てた」

この祇園マーケットのビルは創業者どころか所有者さえはっきりはしないが、今でも、小松政夫の父がオーナーだという説は根強い。

「親父は博多の紳士録には必ず名前が載るような人でした。服はいつも英国製。靴も必ずオーダーメイド。銀縁眼鏡に口ひげを蓄えた、絵に描いたような明治の紳士でした」(『のぼせもんやけん』竹書房)

「そんなこともあって、その建物でも一番いい場所を、四階まで全部使うことができたのでしょうね。うちの親父が建てたと理解してた」

ただ、そこにどのような経緯と資本で「白亜の殿堂」とさえ呼ばれたモダンなビルが建つことになったのかは、もはや小松も覚えていない。

「たしか、引揚者連合会とか厚生会とか、そういうのがあって関係していたような気もするなあ」

「三時四五分と五時になると紙芝居屋がきてね。ドラとかキリキリキリなんて音まで立ててね。太鼓を使ったり、ヒューなんて音を出したりもして。そこに、ポンポン菓子とかキビ団子売りとかもありましたね。でも、祇園は博多を知るには一番のところですよ。祭りの多さのなかにどっぷり浸っちゃったりね、人情とかね」

小松少年はときに、祇園から距離のある大壕公園にまで足を延ばした。

「月曜日の朝はやくに行くんですよ。すると、まだきれいなタバコの箱なんかが残ってた。タバコではピースの箱が一番きれいなんだけど、その空き箱をポンと捨ててあるやつを拾ってきて、それをきれいに切ってトランプをつくったりね。あとは大根でハートとかダイヤの形のハンコをつくったり。ビールのカンカンを拾ったりして缶蹴りをしたり、紐をつけて缶で竹馬を作ったりして遊びましたね」

そんな、遊び疲れた小松少年を迎えたのが、祇園に建つ「白亜の殿堂」だった。

「でも、そんなものがなぜ六〇年間も残ったかということですよね。まわりはなーんもなかったわけだから。いいときもあったけど、今まで残っているのが不思議ですよね」

小松政夫は、仕事で博多へ行くことがあれば、祇園マーケットに立ち寄った。

「こそこそって行ってってね。それでもう崩れそうな階段上がってみたりして、いっそいで思い出を掻き込んでね」

小松政夫の優しい目尻は、どこか懐かしい雰囲気を漂わせていた。小松の親分ーっ。思わず、そう言葉に出して呼びかけたくなった。

櫛田神社の境内に立っていたとき、観光客らしき女性の声が聞こえた。

「なにあれー、すっごいいい感じなんだけど。あんなところに住んでみたいー」

思わずその方向を見上げれば、九月の声とともに一気に猛暑が去り、涼の漂う櫛田神社の境内の向こうに、祇園マーケットが建っていた。

おわりに

「証言」とは、当事者の言葉という点ですべてが価値あるものです。ただ同時に、証言者の心象（素直な言葉）と心証（客観的な状況）、二つがあって証言は成り立っているのではないでしょうか。

証言を歴史的な史料や現場百遍で裏付けることや、証言のなかからファクトとして踏めるもの、底抜けしないものであることを確かめて取材者として心証を追体験することは、時間の経過を経ている場合には物理的な困難さがあります。他方で、証言者が何をもって、なぜそのように考えて判断されたのかという、当時の心象を確認する作業にも難しさがあります。

だからこそ、その当事者から「訊くのではなく聞こえる瞬間を待つ」作業が大切になります。具体的には、歴史の当事者となった方々の人柄や物の考え方など、相手の呼吸にこちらの呼吸を寄り添わせていく作業でしょう。

とくに、あえて語りたいという強い意欲や動機のない相手からお話を伺うときには、相手が構えずに、素直な心持ちで本音を明かしてくれるものでなければ、歴史の証言としては偏りが生じてしまう怖さがあります。そこに意図がありうるからです。

かつ、何十年も前の素直な心象風景を共有するためには、ときに同じ場所を歩き、同じ空気を吸い、時間の流れを共有することが何よりも大切だと思っています。

「訊くのではなく聞こえる瞬間」にこそ語られる言葉、それこそが歴史の証言と考えてきました。素直な心象風景からの言葉だけが、歴史的な事実、局面、情景を「踏める話」になしうる、すなわち歴史の証言たりえると考えてきました。

証言者の心象と心証の両方が、聞き手であり書き手である私自身のなかで矛盾なく重なりえたもの、それこそが「ひとつの史実」であり、そこを確かめることこそが、活字として遺す者にとっての最低限の作法ではないでしょうか。

こうして紡がれたストーリーは読み物としては派手さが乏しく面白くないものかもしれません。それを面白く仕立てるのが物書きの才能であり、努力だろうと言われれば、自身の研鑽不足を、ここに懺悔せざるをえません。

ただ、決してストーリーテリングでエンターテイメントな、泣かせる、あるいは歓喜を呼ぶ物語ではなくとも、「訊くのではなく聞こえる瞬間を待った」言葉を遺す、それこそが歴史に対する真摯さであるはずではと信じています。


人生の終わりがみえたときに、人はなにを想うのでしょう。

人生を振り返ったときに、人はなにを想うのでしょう。

私にとってのそれは、人々との出会いであったように思います。

それも目的のない、偶然の出会いばかりが甦ります。

気の向くままの旅路の末に巡り合った人々は、有名無名を問わず、すべてが市井の人でした。

そして彼らとの出会いと、彼らの記憶を訊ねた今、ひとつのことを実感しています。


無名の人々の足跡こそが歴史ではないでしょうか。

懸命に生きた一人ひとりの言葉と姿こそが歴史ではないでしょうか。

きっとその歴史は、過去という時間を、もうひとつの視座から映しだします。

記憶という証言から人間の残影を思い起こし、昭和という時代を想像してもらえれば、これにまさる感謝はありません。

二〇二四年五月

七尾和晃

参考文献

第三話

山口彊『生かされている命――広島・長崎「二重被爆者」、90歳からの証言』（講談社、二〇〇七年）

第四話

有末精三『終戦秘史 有末機関長の手記』（芙蓉書房、一九七六年）

第八話

本田靖春『警察回り』（ちくま文庫、二〇〇八年）

第一〇話

近藤廉治「未文化社会のアウトサイダー」（『精神医学』六巻六号、一九六四年）

水野都沚生『秘境伊那谷物語――民俗拾遺集』（図書刊行会、一九七四年）

第一一話

笠井盛男編『笠井重治 追悼録』（西島会、一九八五年）

袖井林二郎『マッカーサーの二千日 改版』(中公文庫、二〇〇四年)
冨森叡児「米中正常化の影に密使」(『日本記者クラブ会報』一九九五年二月号)

第一二話

小松政夫『楽屋の王様 ギャグこそマイウェイ!』(DVD、竹書房、二〇〇六年)
小松政夫『のぼせもんやけん——昭和30年代横浜~セールスマン時代のこと。』(竹書房、二〇〇六年)

七尾和晃（ななお かずあき）
記録作家。「無名の人間たちが創る歴史」をテーマに、「訊くのではなく聞こえる瞬間を待つ」姿勢で、市井に生きる人々と現場に密着し、時代とともに消えゆく記憶を踏査した作品を発表している。『銀座の怪人』(講談社)、『闇市の帝王』『炭鉱太郎がきた道』(以上、草思社)、『琉球検事』(東洋経済新報社)、清泉亮名義で『吉原まんだら』(徳間書店)、『十字架を背負った尾根』(草思社) など著書多数。

公式 HP
https://sites.google.com/view/kazuakinanao/

【お問い合わせ】
本書の内容に関するお問い合わせは
弊社お問い合わせフォームをご利用ください。
https://www.heibonsha.co.jp/contact/

語られざる昭和史　無名の人々の声を紡ぐ

2024年7月24日　初版第1刷発行

著　者　七尾和晃
発行者　下中順平
発行所　株式会社平凡社
〒101-0051 東京都千代田区神田神保町3-29
電話　03-3230-6573（営業）

装丁・本文デザイン　長谷川周平
印　刷　株式会社東京印書館
製　本　大口製本印刷株式会社

落丁・乱丁本のお取り替えは小社読者サービス係まで直接お送りください（送料小社負担）。
平凡社ホームページ　https://www.heibonsha.co.jp/

ISBN978-4-582-45454-3